NUMBER 13

メディア総研ブックレット

メディアは原子力をどう伝えたか

nuclear energy

メディア総合研究所編

●

花伝社

このブックレットは、二〇一一年六月二五日に行われた、公開シンポジウム「メディアは原子力をどう伝えたか」（主催――メディア総合研究所、開かれたＮＨＫをめざす全国連絡会）をもとにまとめたものです。

目 次

筆者紹介

小玉　美意子（こだま　みいこ）

フジテレビ・アナウンサーを経てアメリカ留学。1980年お茶の水女子大学・大学院博士課程満期退学。福島女子短大、江戸川大学を経て95年から武蔵大学教授。著書に『ジャーナリズムの女性観』『メディアエッセイ』『メディア選挙の誤算』『テレビニュースの解剖学』等。過去に民放連・放送番組調査会委員、放送番組向上委員会委員、映画倫理委員会副委員長等を務め、現在、BSフジ番組審議会副委員長。

小出　五郎（こいで　ごろう）

1941年東京生まれ。64年東京大学農学部卒。同年NHKに入局。『あすへの記録』で原子力関連の番組を企画・制作。84年、NHK特集『核戦争後の地球』で芸術祭大賞、日本ジャーナリスト会議賞大賞、イタリア賞大賞ほか受賞。89年から2006年までNHK解説委員。06年から10年まで日本科学技術ジャーナリスト会議（JASTJ）会長も務める。著書に『仮説の検証——科学ジャーナリストの仕事』など。

小田桐　誠（おだぎり　まこと）

1953年青森県生まれ。出版社勤務を経て1979年からフリーのジャーナリストに。2004年〜08年まで放送専門誌『GALAC』編集長。現在、ＮＰＯ法人放送批評懇談会常務理事・選奨事業委員長、法政大学・武蔵大学各社会学部非常勤講師、BPO（放送倫理・番組向上機構）「放送と青少年に関する委員会」委員も務める。著書に『崩壊からの出発——阪神・淡路大震災の記録』『テレビのからくり』など。

野呂　法夫（のろ　のりお）

1960年青森県生まれ。学習院大学政治学科卒。85年産経新聞社に入り、初任地が福島支局。88年中日新聞社に移り、東京新聞社会部で警視庁、環境庁、「TOKYO発」、特別報道部などを担当。東京都庁など自治体の情報公開や公費無駄遣い、東京湾・三番瀬保全などを取材。横浜支局デスクを経て、生活部デスクとして団塊世代やNPO問題、性犯罪から子どもを守る、を手がける。07年8月から特別報道部デスク。

綿井　健陽（わたい　たけはる）

1971年大阪府出身。98年からアジアプレス・インターナショナルに所属。アフガン攻撃、イラク戦争などを取材。東日本大震災は発生直後から福島第一原発周辺で取材を続ける。映像作品に『Little　Birds　イラク戦火の家族たち』など。03年度「ボーン・上田記念国際記者賞」特別賞など受賞。ホームページ【綿井健陽　Web Journal】 http://www1.odn.ne.jp/watai/

はじめに

［武蔵大学教授］小玉 美意子

三月一一日の大震災をきっかけに起こった東京電力福島第一原子力発電所の事故は、連鎖的に次々と起こる故障により、混迷の度を深めています。アメリカのスリーマイル島事故や旧ソ連のチェルノブイリ事故よりも、原子炉の数が多いという点で規模が大きく、そして解決の道筋がまだ見えないので時間がかかっていることにおいて、「フクシマ」は人類史上の負の遺産として記録されることになるでしょう。

広島、長崎に原爆を落とされた日本人は、世界中のどの国の人よりも原子力への拒否反応が強かったはずです。しかし、原爆と同じ核反応による原子力発電は平和利用として導入され、多くの日本人が「核兵器はだめだが平和利用はよい」という考え方を許容するようになりました。政府や電力会社などが「事故は絶対に起こさないから安全だ」という論理で私たちを説得しようとしたのです。そのとき「核廃棄物を処理する技術が確立されていない」ということはあまり聞かされませんでした。

それ以来、原子力については、日本の主流を形成する人々――有力大学の学者、産業界のリーダー、マスメディア――をも巻き込んで、豊かな生活には欠かせないもの、というキャンペーンが繰り広げられてきました。メディアの中でも、原子力発電所建設に反対する地元の声を取り上げたり、原子力発電そのものの問題点を指摘したりする報道もありましたが、営業的な圧力や自主規制などが働いて、メディアは原子力の問題をあまり正面から取り上げてこなかったような気がします。

また近年は、地球温暖化防止のためにCO_2を出さない原子力発電が望ましい、というキャンペーンが繰り広げられ、原子力発電はクリーンなエネルギーというイメージさえ与えられました。

私たちはメディアによって問題の所在を知り、判断を下します。それだけメディアが私たちにとっては重要で、私たちの期待に応えてほしい存在だということです。そこで今回は、原子力というものをメディアがどのように取り上げてきたか、一方、原子力のどのような側面を取り上げてこなかったのかということを考えるところから、議論を始めたいと思います。

（シンポジウム・コーディネーター）

I　大手メディアと原子力

メディアは原子力をどう伝えてきたか
――戦後をふりかえって――

〔科学ジャーナリスト・元NHK編集委員〕小出　五郎

小玉　まず福島第一原発事故の前まで、大手のメディアは原子力をどのように伝えてきたのか、という点について、小出さんから口火を切っていただきます。

小出　メディアは原子力をどう伝えたか、一九五〇年代くらいから振りかえって、お話します。五〇年代から現在にかけて、メディアは原子力についてまともに伝えてこなかった、影響力は大きくなかったという印象が強いですが、調べてみると、全体としては意外に健闘しています。

原子力はテレビとセットになって五〇年代にアメリカから日本に入ってきました。「原子力の平和

小出五郎さん

利用」ということばが反核の気分を払拭するような力を持っていたのです。さらに、戦争の反省から原子力開発は「自主・民主・公開」を原則に進めようということで始まったのです。

六〇年代、七〇年代は原子力推進が強く謳われた時代でしたが、原子力への批判も起きてきました。とくにベトナム戦争さなかの六〇年代半ばには、アメリカの原子力潜水艦や原子力空母など原子力艦船が日本に寄港することについて強い批判が出されました。一方で、経済成長を支える原子力エネルギーということが強くアピールされました。

七〇年代になると、公害が社会問題となるにつれて、成長の「影」の部分が原子力にもあるということが明らかになってきました。七三年には四国電力伊方原発の設置許可をめぐる訴訟が起きました。それから、原子力船「むつ」が実験航海に出たとたんに放射能漏れを起こす事件もあり、原子力開発に批判的な意見がかなり出てきました。

しかし、七〇年代半ばは田中角栄首相の金権政治が制度化される時代で、原子力も例外ではなく、毎年何千億というカネが原発のために使われていくという仕組みを具体化する電源三法が整備されました。

テレビ番組は頑張ったが社会的影響は……

一方、テレビ番組の方はと言えば、政府や企業の発表によらず、制作者が独自に問題意識を持って取材して歩く「科学検証番組」が作られるようになりました。

一九七九年に米国スリーマイル島の原発事故が発生し、原子力推進の雰囲気が変わってきます。八六年には当時のソ連でチェルノブイリ事故が起きて、その後毎年のようにチェルノブイリ関連の番組が作られるようになります。今、原子力をめぐって問題になっているような項目を討論するような番組も、すでに作られています。

原子力に批判的な番組は、NHKだけではなく、民放でも制作されていました（資料1参照）。青森放送が七回シリーズで制作した『核まいね』――核はダメ、という方言です――という番組がありました。青森県の下北半島は核燃料サイクル施設が集中している地域で、青森放送にも東京電力を筆頭に大量のお金が入っていましたが、その中でがんばっている制作者がいたのです。「地方の時代映像祭」での受賞作品を見てみますと、『核まいね』をはじめ原発関連の番組がたくさんあり、八〇年代、九〇年代は各局でさまざまな番組が作られています。

九〇年代には、プルトニウム利用の迷走もあって、原子力施設への地元の反対運動や、プルトニウムの輸送をめぐる番組が放送されました。高速増殖炉「もんじゅ」でトラブルが発生し、それをめぐって事故隠しが発覚する。また東海再処理工場の爆発事故、JCOの臨界事故も起きました。二〇〇〇年代にもトラブル隠しを追及する番組がたくさん作られました。

このように見てくると、全体としてテレビ番組は健闘したと私は思っています。しかし、番組が社

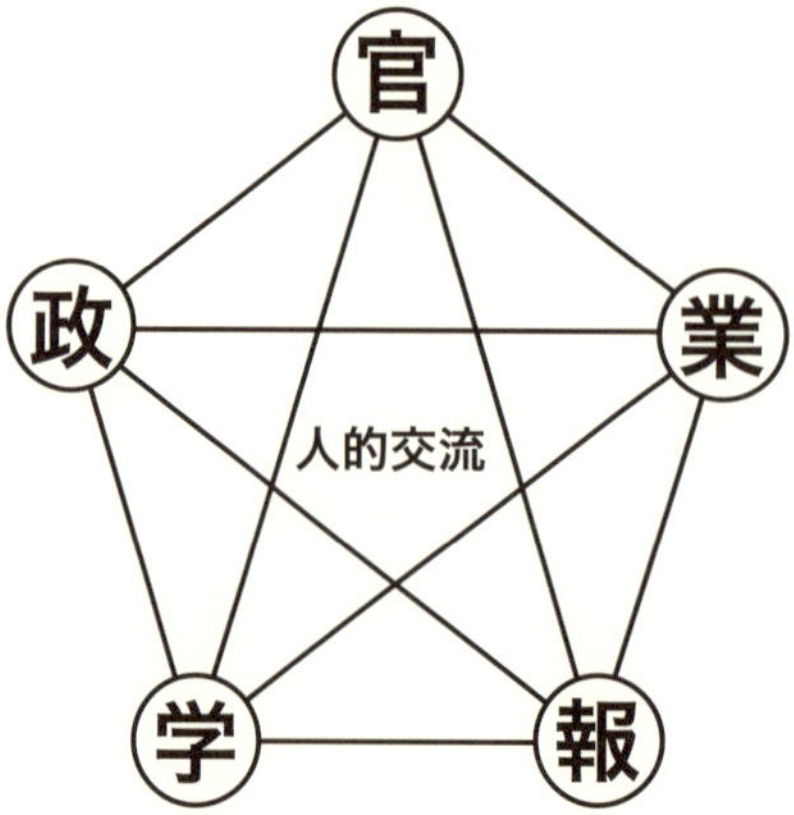

・「資金、ポスト、便宜」の３点セットが強固な構造の元

・立地、研究開発、損害賠償に経済原則を越える支援

・電力会社に赤字のありえない経営を可能にする制度

図　「原子力村」のペンタゴン

会に影響力はあったかというと、それほどではなかったという、矛盾した結果になっています。それはなぜかというと、やはり国策としての原子力推進があったと思います。そして、当初からいわゆる「原子力村」が形成されて、それに基づいて原子力が強力に推進されたのです。

メディアも加わった原子力村

原子力村は「官・政・業・学・報」を頂点とする五角形で構成されています。「官」は経産省、文科省（旧科学技術庁）、法務省（裁判所を含め）、「政」は国会議員や地方の政治家や地元の有力者、「業」には電力会社やメーカーと電力関係の労働組合、そして学者と報道（メディア）が五角形の頂点です。この五つのステークホルダーがそれぞれお互いに強力に結びついて、村の互助会体制を当初から作ってきました。村の接着剤になったのが「お金」と「ポスト」と「便宜」です。莫大なお金が流れ、天下りポストが保証され、お互いに便宜を図り合っていく。とくに電力会社は総括原価方式というまったく赤字を出さずに経営が可能な仕組みを作ってもらい、村の外からどう批判されても関係なく、原子力推進一辺倒でやってこられたのです。

報道について言えば、原子力村の中に入ってしまうと、「村人」として取材がたいへん楽になる。特ダネも取れるし、核施設ツアーなどの便宜も図ってもらえる。定年退職後は関連団体などに天下りポストも用意されるのです。原子力村にとっても、中立を標榜するジャーナリストが関係しているということはありがたいことなのです。

メディアの企業にとっても、原子力村に所属していると利益がある。発表を待っていればニュースになるので経営効率がいい。たくさん記者を置かなくても窓口一つでどんどんニュースが入ってくるわけですから。それから、NHKは、政権与党の政治的支援を期待できる。民放は莫大な広告宣伝費収入が得られる。こうしてメディアも、村に入っていると便利だということで、全体として原子力村の構造を支える側に回ってしまった。

このように、原子力推進には世論の批判は関係ない、という原子力村の構造が作り上げられていて、メディアもその中に属して利益を共有してしまった。その結果、テレビの日々のニュースは、原子力推進ネタが多いということになり、批判的な番組は印象に残りにくい。頑張った番組もあったのですが、「何もやっていないじゃないか」と批判されるようなテレビのイメージが作られてしまったように思います。

一方で、原子力村は安全神話のみならず、「原子力は安価なエネルギーだ」というような神話もたくさん作り出した。いったん神話ができてしまうと、村の中にいる人たちは、それによって自縄自縛になってしまう。「絶対安全だから危険を想定した訓練はできない」などという非常識なことが起きてしまうのです。

そのうち、利権構造を温存することがいちばんの目的になっていく。新自由主義的経済においては長期的な利益より短期的な利益が優先されます。そのためにも、原子力村の構造が維持されてきたのです。かつてメディアの中にいた私としては、こういう構造と闘う力が足りなかったと忸怩たる思いがありますが、国策を錦の御旗とする原子力推進村を相手に、メディアだけで闘うことはできなかったのではないかという気もします。

電力会社というスポンサー

［ジャーナリスト］小田桐　誠

私は二つに絞って話したいと思います。まず民放ローカル局が電力会社とどういう付き合いをしてきたのかについてです。もう一つは、原発がこれまで何度となく事故を繰り返してきたにもかかわらず、重大事故調査の際によく言われる「ハインリッヒの法則」に学んでいなかったのではないか、ということです。

大スポンサーのプレッシャーが

民間放送は広告放送ですが、その広告費は私たちが購買する商品の価格に上乗せされていると言えます。例えば、ＮＨＫの受信料が直接税だとすれば、民放は間接税なのです。民放はスポンサーなしに成り立ちませんが、電力会社はその中で有力なスポンサーの一つです。放送局に出資し役員を送り込んでいるケースも少なくありません。各電力会社は地域独占で、東北六県に新潟県なら東北電力、中国地方の五県なら中国電力、とライバル企業は存在しません。そういう意味では、大量に広告を出稿する必要はないのですが、企業イメージを高めるために出稿しているのです。電力会社のテレビ広告出稿額を見ると、番組の一社提供ができるほど金額が大きい。

つまり民放からするとスポンサーとしての存在感が大きいのです。とくに同じ系列のローカル局が東北・中国・九州などブロック単位の番組を企画・制作する上で欠かせないスポンサーの一つです。

小田桐誠さん

一方で、放送局にとって電力会社は取材対象でもあります。例えば北海道の泊原発には三基の原子炉がありますが、建設時には地元で市民団体や労働組合などによる反対運動がありました。地元メディアは当然取材しました。

じつはそこでは、電力会社が「アメとムチ」作戦を展開しました。厳しい取材・報道を続けていると、やんわりと広告出稿を控えるようなことを言ってくる。「うちも厳しいから広告費を絞り込むことを考えている」というようなことを言われると、放送局側は「うちの番組は大丈夫かな」と考えてしまいます。

北海道新聞で労働組合の執行委員を務めた知り合いがいますが、彼が泊原発に取材に行った際「きょうは組合員として来られたんですか？　それとも記者として来られたんですか？」と冗談半分で言われたそうです。言われた方にしてみれば冗談にはなりません。おたくの広告収入に貢献しているのはよく理解してますよね、と言っているようなものですから。記者としては相当のプレッシャーになります。

3・11のとき、東京電力の勝俣会長が新聞・雑誌・テレビのOBといっしょに中国旅行をしていたことが報道されましたが、このようにツアーや見学会と称してメディア関係者を連れ出して、飲み食いさせることも珍しくないと聞いています。もちろん、民放もそれなりに頑張って番組を作っています。しかし、報道姿勢が鈍ったり、メディア企業としてさまざまな気を使わざるを得ない構造があるのです。

大事故の裏に

もう一つ、ハインリッヒの法則というのは皆さんもご存じだと思いますが、一つの大きな事故のウラには、二九のヒヤッしたけど死傷者が出るような大事故には至らなかった事件があって、さらにその背景には、よく検証しないとわからないような異常が三〇〇くらいある、というものです。

日本の原発に関しては、九〇年代だけでも国際原子力事象評価尺度（ＩＮＥＳ）で「レベル１」以上の事故が一三件ありました。例えば二〇〇四年には関西電力美浜原子力発電所で蒸気漏れ事故があり、五人が亡くなって六人が大やけどを負いました。この事故で息子を失った父親が、関西電力の社長の説明に「人の命を何だと思っているんだ」と怒りをぶつけていました。二〇〇二年には東京電力

表　国際原子力事象評価尺度（INES）

レベル	影響の範囲（基準１～基準３の最も高いレベルが評価結果となる）		
	基準１ 事業所外への影響	基準２ 事業所内への影響	基準３ 深層防護の劣化
7　深刻な事故	放射性物質の重大な外部放出――ヨウ素131等価で数万テラベクレル以上の放射性物質の外部放出	原子炉や放射性物質障壁が壊滅、再建不能	
6　大事故	放射性物質のかなりな外部放出――ヨウ素131等価で数千から数万テラベクレル相当の放射性物質の外部放出	原子炉や放射性物質障壁に致命的な被害	
5　事業所外へリスクを伴う事故	放射性物質の限定的な外部放出――ヨウ素131等価で数百から数千テラベクレル相当の放射性物質の外部放出	原子炉の炉心や放射性物質障壁の重大な損傷	
4　事業所外への大きなリスクを伴わない事故	放射性物質の少量の外部放出――法定限度を超える程度の公衆被曝（数ミリシーベルト）	原子炉の炉心や放射性物質障壁のかなりの損傷 従業員の致死量被曝	
3　重大な異常事象	放射性物質の極めて少量の外部放出――法定限度の10分の1を超える程度の公衆被曝（10分の数ミリシーベルト）	重大な放射性物質による汚染 急性の放射線障害を生じる従業員被曝	深層防護の喪失
2　異常事象		かなりの放射性物質による汚染 法定の年間線量当量限度を超える従業員被曝	深層防護のかなりの劣化
1　逸脱			運転制限範囲からの逸脱
0　尺度以下	安全上重要ではない事象		
評価対象外	安全性に関係ない事象		

表　主な原発事故のレベル

レベル	参考事例
7　深刻な事故	チェルノブイリ原発事故（1986年） 福島第一原発事故（暫定、2011年）
6　大事故	ウラル核惨事（キシュテム事故）（1957年）
5　事業所外へリスクを伴う事故	チョークリバー研究所原子炉爆発事故（1952年） ウィンズケール火災事故（1957年） スリーマイル島原発事故（1979年） ゴイアニア被曝事故（1987年）
4　事業所外への大きなリスクを伴わない事故	フォールズＳＬ－１炉爆発事故（1961年） 東海村ＪＣＯ臨界事故（1999年） フルーリュス放射性物質研究所ガス漏れ事故（2008年）等
3　重大な異常事象	旧動燃東海事業所・アスファルト固化処理施設火災爆発事故（1997年）等
2　異常事象	関西電力美浜原発２号機・蒸気発生器伝熱管損傷（1991年）等
1　逸脱	「もんじゅ」ナトリウム漏洩（1995年） 関西美浜原発３号機・二次冷却水配管蒸気噴出（2004年）等

のトラブル隠しが次々と発覚しましたが、これはＧＥの関連会社の社員による内部告発で明らかになったものでした。しかも、告発を受けた資源エネルギー庁は、それを二年間も放っておいたのです。

一九九九年の東海村ＪＣＯの臨界事故もそうですが、人の命が失われるような事故の経験から何も学んでこなかった。一方で、メディアも加担する形で原発の「安全神話」が作られていく。それが今日の大事故につながっていったのではないかと思います。

新聞は原子力をどう伝えてきたか

［東京新聞特報部デスク］野呂　法夫

新聞は原子力をどう伝えてきたか、ということですが、原発を懐疑的に見てきた一人として、感じていることをお話しします。

大手紙のスタンス

まず３・11後の各社のスタンスですが、在京大手紙では「原発推進」が読売と産経です。「原子力の父」と言われる読売新聞の正力松太郎が、鳩山一郎内閣のときに初代・科学技術庁長官として日本に原子力発電を導入したという経緯があります。産経新聞は日経連出身の鹿内信隆が経済界を後押ししていたということもあって、原発推進でした。

朝日新聞は今回の事故を受けて、いろいろと批判があるなかで「脱原発」に踏み切ったように見えます。日経新聞は私の言い方では「封原発」です。これまで日経は、海外に原発を売り込む、ということで熱心に原発を推進してきたのですが、いまは自然エネルギー、再生可能エネルギーを推奨しようという動きになっていて、新しい産業を興すことが成長につながるという、さすがにカネにつながることには目ざとい新聞だと思います（笑）。毎日新聞については、迷いましたが「傾・脱原発」という、ちょっとなじみにくい表現にしました。脱原発に傾いているという意味ですが、毎日はもう脱原発だ、という方もいるでしょう。

野呂法夫さん

原発立地県の新聞の努力

東京にいると大手紙ばかりに目が行きがちですが、地方紙を見てみると、やはり原発立地県の新聞は非常にくわしく報道しています。私は青森県五所川原市の出身ですが、青森には国家プロジェクトの「むつ小川原開発」がありました。結局、途中で頓挫し、一九八〇年代初めから核燃サイクル基地となっていくのですが、反対運動もあって、地元の新聞は詳細に報道していました。

私は最初、一九八五年に産経新聞社に入り福島支局に赴任しました。福島の県紙、福島民報と福島民友は二〇〇二年に東京電力の福島原発のトラブル隠しを詳しく報道しています。また、二〇〇七年の新潟県中越沖地震で東京電力・柏崎刈羽原発が火災事故を起こしたときは、新潟日報が大キャンペーンを張っています。そういう意味では、地方紙は健闘しているのですが、それが東京にいるとまったく伝わってこない。全国紙も、せっかく地方の支局に記者を置いているのですから、もっと出していいのではないか、と思います。原発は事故を起こせば全国に関わることになるわけですから。

これまでの全国紙の報道を見ますと、原発に反対する人々が起こした訴訟や、海外の原発事故の報道はよく見かけるのですが、国内の原発の問題については、原発存置を前提として、安全性を向上させるというところにとどまっていたのではないかと思います。

私は産経新聞福島支局に勤めましたが、原発には懐疑的でした。でも、県政担当ではなかったので、原発の取材ができませんでした。デスクに進言したら、ある人物を取材できることになった。それは、福島第一原発誘致の根回しをして、後に東京電力社員になる地元で有名な広報担当者でした。デスクに「彼の話を聞けば、君の考えも変わるかもしれないよ」と言われて行ったのです（笑）。それで福島第一原発のPR施設に会いに行くと、いかに苦労して、いかに東京に貢献しているか、向こうが二時間しゃべり通しでした。私が「事故が起きたらたいへんではないか」などと質問したのですが、それははぐらかして何も答えない。怒りながら帰った覚えがあります。

連日一〇〇日間にわたって

私は八八年に中日新聞に移り、東京新聞の社会部畑を歩き、経済部や科学部の経験はありません。そういう意味では素人に毛が生えたような程度の知識しかありませんが、東京新聞としては、私がい

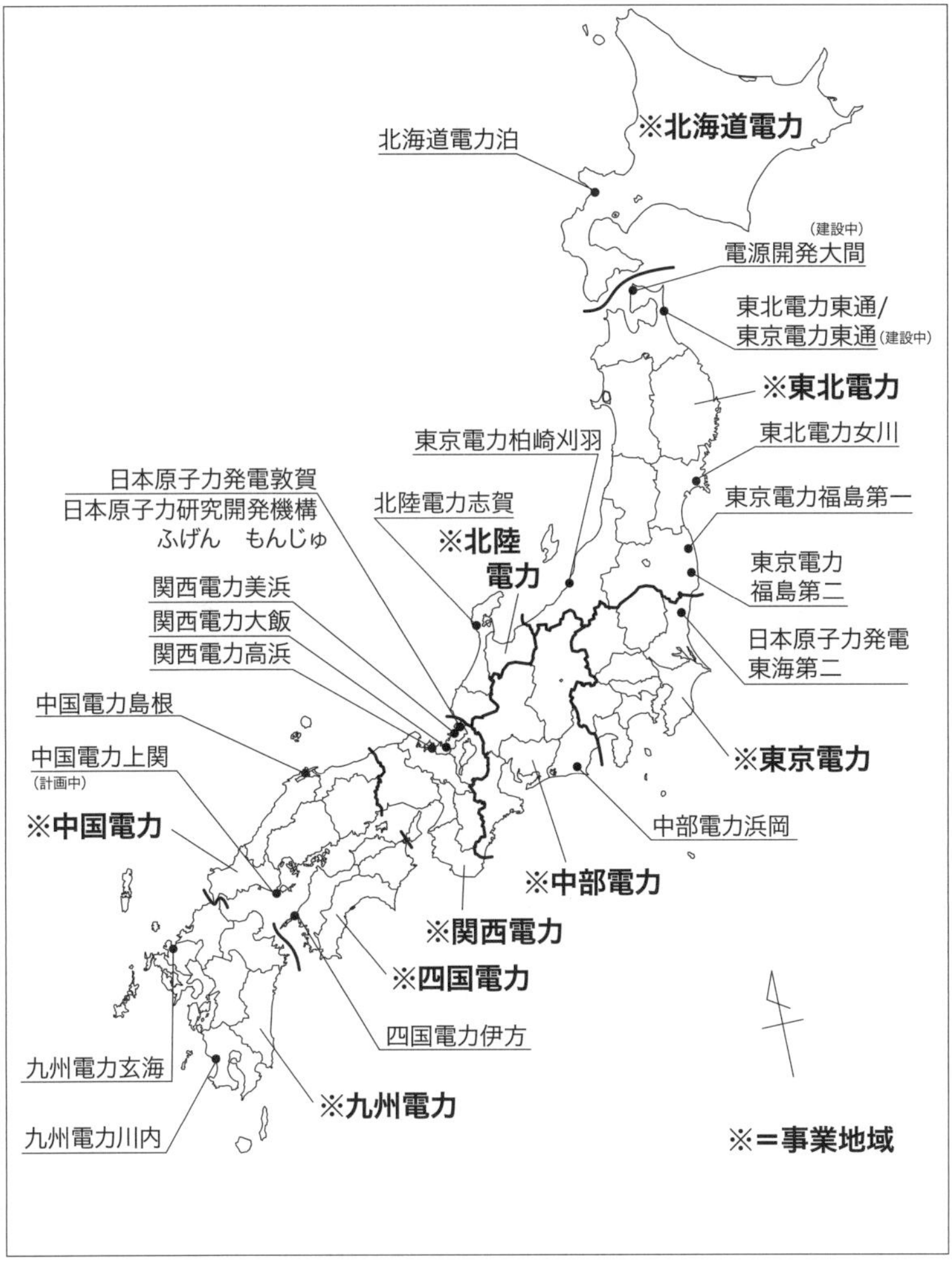

図　日本の原子力発電所　原発のない沖縄電力事業区域を除く

まデスクをしている「こちら特報部」は別にして、原発への立場はあいまいだった気がします。東京新聞は中日新聞東京本社で、関東で発行している媒体名です。

　東京新聞の管内に日本原子力発電の東海第二原発があり、東京電力の原発はありません。中日新聞は、東海本社管内に中部電力・浜岡原発、名古屋本社管内には福井の「原発銀座」（関西電力、日本原子力発電、ふげん・もんじゅ）、北陸中日新聞の金沢本社管内には北陸電力・志賀原発があります。中日新聞も、浜岡原発などの検証は厳しくやっています。

　東京新聞の「こちら特報部」は３・11後、連日一〇〇日間にわたって、かなり厳しい論調で二〇〇本近くの記事を出しています。３・11の前から、CO_2削減策は原発一四基の新増設が前提でおかしいとか、高速増殖炉「もんじゅ」はすぐに廃炉にすべきだとか、プルサーマルのためのＭＯＸ燃料専用の大間原発を造ったらたいへんなことになる、というような記事を作ってきています。そのたびに原子力村の人たちから「ご説明を……」という連絡が来たりしました。

　確かにこれまでの報道は反省・検証されなければならないと思いますが、３・11後の報道をどうしていくのか、どのように再スタートするのか、新聞に携わる一人として思いを強めているところです。

「想定外」という言葉

［ジャーナリスト］綿井　健陽

私は原発の問題についてはニューカマーで、最近の福島原発取材のことについてなら話ができるのですが、今日は「3・11以前の原発報道についても意見を」と言われたので、他のパネリストの皆さんとはちょっと違った角度から過去にさかのぼってみたいと思います。

共同通信から五月中旬に「再び〝想定外〟とは言わせない」と題した原稿を寄稿・配信しました。この「想定外」という言葉を、皆さんも三月一一日以来あちこちで聞かれていると思います。では、この「想定外」という言葉がどのように使われてきたのか、過去の報道を調べてみました。

いま大型書店の店頭では原発・放射能関連の書籍が山のように積まれていますが、東京に限らず各地で非常によく売れているそうです。放射能汚染に対してどう対処したらいいのか、不安と混乱の中にあって、確かな情報への飢餓感があるのでしょう。

そうした書籍の中には今回の津波・原発被害を伝える写真集も各新聞社から出版されていますが、さて九五年の阪神・淡路大震災のときはどうだったのかと思って、当時の朝日新聞社の写真集を見返してみました。すると、「耐震基準『縦揺れ』を考慮せず」という記事があって、『想定外』という言葉で、この惨状を説明できるのか」というくだりが出てきます。また「消火活動　延焼招いた二つ

綿井健陽さん

の『想定外』」という記事もあって、「消火栓使用不能」と「火災の同時多発」で延焼を食い止められなかったという説明でした。今回の原発事故で言えば、これは「全電源喪失」に当たるのでしょう。原子炉周辺の電源装置が全部使えなくなって何もできなくなる事態でした。

先ごろ収監されたライブドアの元社長・堀江貴文さんも、フジテレビやニッポン放送株の買収のときに「想定の範囲内」とよく言っていましたが、じつは昔から様々な場面で使われてきた言葉です。

八六年のチェルノブイリ原発事故では、その一年後に日本でも調査委員会が最終報告を出しますが、「安全設計面で緊急性のある教訓は（日本には）ない」としています。「日本で同様の事態が起こることは極めて考え難い」「従来の対策を変更する必要はない」というのです。この五年後の九一年には関西電力・美浜原発事故が起きていますが、史上初めての細管破断事故でした。これについても、やはり「想定外」「予想だにしなかったケース」と当時の電力会社や原子力関係者は言っています。

事故のたびに「想定外」のくり返し

原発の地元住民の人たちは、当時からずっと不信を募らせていたことは間違いありません。それに対して、安全管理をする側は「こうしたミスは想定外でした」という説明をくり返していただけでした。阪神大震災の直後も、「原発は大丈夫なのか」という声が各地で上がって、福井の地元住民も放射能漏れへの不安を訴えていましたが、関西電力は「原発の耐震性には自信を持っている」という説明に終始していたのです。

九九年の東海村・JCO臨界事故のときも原発関係者は「想定外」「予想できない事故だった」と言っています。このとき住民参加の避難訓練がそれまで行われてこなかったことが指摘されましたが、「住民の大規模な避難訓練を行うと不安をあおる」という理由で行わなかったというのです。福島原発事故後であっても、放射能に関する「危険だ」という情報は「不安をあおっている」と言われるぐらいですから。

このように「想定外」という言葉だけを拾ってみると、何も電力会社の人だけが言っているわけではありません。ある新聞では「想定外の事故を起こさないよう、一層の安全対策の強化が求められる」という、日本語の使い方としてちょっとおかしいような記事もありました（笑）。

九九年に山陽新幹線でコンクリート落下事故が相次いだ際にも、JRの担当者が「想定外だった」とコメントしていました。

JCO事故を受けて、現在の原子力災害対策特別措置法につながる法整備の議論が行われますが、当時の報道でも、「政府の報告書は、大地震によって原子力災害が発生したらどうなるのかということについて盛り込まれていない」などと批判していました。新聞の読者欄でも「いつも『想定外』ということばで処理されているじゃないか」といった指摘が当時からあります。

他にも「二〇〇〇年問題」というものがありました。西暦二〇〇〇年を迎えるとコンピューターが誤作動する、というものですが、このときも「想定外」ということがずいぶん言われました。余談ですが、これについて当時の福島県知事だった佐藤栄佐久氏が「今年は想定外ということばをずいぶんと耳にした。混沌とした状態が続く点で臨界状態にある」というコメントを残していました。「臨界」をたとえで言っているのでしょうが、何やら福島原発事故を暗示しているようです。

東日本大震災の二ヵ月前に起きた北陸電力・志賀原発のトラブルでも、「配管が詰まることは想定外だった」というコメントがありました。

今年は九一年の美浜原発の事故から二〇年という節目で、事故からどういう教訓を学ぶのか、といった指摘もメディアの中でされる中で起きた福島原発事故でした。過去の事故・教訓から学ぶという姿勢が一切見られない世界が原子力業界です。そして今年の三月一一日ですが、最初に「想定外」ということばを使ったのは恐らく気象庁でした。「三陸沖でこれほどの地震が起きるとは想定していなかった」と地震直後の記者会見で言っています。

五年後、一〇年後に「想定外」と言わせないために

こうして見てくると、何も原発に関わっている人ばかりでなくて、いろいろなところで「想定外」が使われているわけです。しかし、例えば堀江貴文さんは、途中から「想定外」ということばをじつはほとんど使わなくなっているのにもかかわらず、メディアの記者の方が「堀江さん、今回の事態は想定外ですか?」というような質問をして言わせようとしている。「これで見出しが決まった」といわんばかりに表現や言葉がパターン化していることがよくわかります。「安全神話」ということばも

同じですね。

共同通信から配信した原稿中に書きましたが、もし五年後、一〇年後に福島周辺の住民に白血病や甲状腺がんなどが多発するようなことがあったら、そのときもまた「想定外」という言葉があちこちで出てくるのではないかという気がしてなりません。そんな意識や言い訳を電力会社はもちろん、学者や政府にも絶対言わせないようにするために、今からしつこくあらゆる可能性や危険性を想定して追及しなければいけないと思います。

II

フクシマ原発事故報道をめぐって

小玉　ここからの議論は、福島第一原発事故が発生した後の報道について、焦点を絞りたいと思います。まず情報源についていかがでしょうか。私は、記者会見の映像がそのままスルーで流されることで、その内容が正当化されるような印象を受けたのですが……。「想定外」も同様で、「想定外だったら仕方なかったんじゃないか」と受け取られることもあったのではないかと思いました。

小玉美意子さん

●発表ジャーナリズムの限界

小出　基本的な問題として、日本では「客観報道主義」を取るということになっています。言葉としては正しいのですが、じつは他の国とは違う日本的客観報道主義になっているのです。

そもそもは、明治時代に帝国議会が開かれたときに記者のたまり場ができて、そこであらゆる情報が発表され、伝えられるようになったのが始まりでした。日本の客観報道主義は、発表されたことを伝えることだという思い込みがあるように思います。「誰々がこういう発表をした」ということがニュースというわけです。私はこれを「発表ジャーナリズム」と呼んでいますが、つまり、発表された時をもって初めてニュースになる、という考え方です。

今回の事故が「レベル7」に当たる、ということについて、データを見れば、レベル7に達していることがおそらく誰の目にも明らかであるのに、メディアは原子力安全・保安院が発表した時をもってレベル7になった、と報じました。しかるべきところが発表した時に初めてニュースになる。これが日本のニュースの作法なのです。

私は、今回の事態では発表ジャーナリズムの限界が見えた、ということを強く感じます。発表されたものが信頼性が高ければまだいいのですが、今回は、発表される内容が何段階かのスクリーニングを経て出てくるので、何が何やらさっぱりわからない。信頼できる内容がない、根拠となるデータもないからです。先ほど記者会見の生中継の問題が出されましたが、記者会見がニュースの起きる瞬間だ、というのが日本の作法なのです。「事件は現場で起きている」と刑事が叫んでいたドラマがありましたが、ニュースも現場で起きているのです。しかし、ニュースになるのは発表があってからです。

この発表ジャーナリズムに対置するものは「調査ジャーナリズム」や「検証ジャーナリズム」だ、と私は思っています。これは、問題の端緒を掴んだら現場に行ってその検証取材をするのです。発表ももちろん重要ですが、発表と調査の両方があって初めてジャーナリズムが成立する、ということが今回の事故ではっきりしたと思います。

もう一つ、中央優先の限界も見えた、という気がします。地方紙が健闘したという話がありましたが、私もその通りだと思います。これは原発の問題に限りませんが、地方紙はがんばっているのに、ニュースは東京中心になる。中央優先だと、政局の話ばかりになって、国会のほうがよっぽど瓦礫じゃないかというようなことが起きるわけです（笑）。

●現場に入れないなかで

野呂　新聞の情報源としては、政府と東京電力が現在共同で行っている記者会見と、夜回りや他の独自の情報源などがあると思います。今回の事故報道では、現場に入れません。そういう意味では、発表を元にせざるを得ないのですが、当局がどういう発表をするかということを伝えること自体は重要だと思います。

三月一四日午前一一時すぎ、福島第一原発三号機が水素爆発を起こして放射能を大量にまき散らしました。この時の報道は、各紙とも同じなので朝日新聞の記事を読み上げます。「枝野幸男官房長官は、昼過ぎの記者会見で、周辺の放射線量のデータに大きな変化は確認されておらず、『放射性物質が大量に飛び散っている可能性は低い』と述べた」。

さかのぼって、三月一二日の一号機の爆発でも「損壊は原子炉建屋に留まり、格納容器と圧力容器に異常は確認されていない。保安院は、今回の爆発も原子炉建屋にとどまっていると見ている」と。今回、こうした情報を新聞社がいかに分析するかという力が問われたと思います。

これまでいろいろな専門家が出てきましたが、当初は「原子力村」の人々がテレビ・新聞をジャックしていたように思います。いま福島県の放射線健康リスク管理アドバイザーとなって、福島県民が怨嗟の声を上げている、山下俊一長崎大教授――被ばく医療の権威です――が、「パニックを起こさないで」「正しく怖がる習慣を身につけよう」ということを言っていて、私はこれに非常に反発を覚えました。説得力のあることばですが、「上から目線」ではないか。でも、それでは新聞は「読者の目線」で情報を分析できたのか、逆にメディア自体がパニックをあおらないように当局と化してしまったんじゃないかと反省も込めて考えているところです。

●どっちを向いて取材しているのか

小田桐　民主党政権になってから、記者クラブについては、新聞協会加盟社の記者だけでなく、フリージャーナリストやインターネット系のメディアなどにも開放するということになりました。ただ省庁によってばらつきがあって、すぐにフリーが入れたところもあれば、入れるまでに相当の時間がかかった官庁もありました。

じつは、3・11以降、フリーやネットメディア、海外のメディアは官房長官会見から排除されています。また東京電力は二ヵ所で記者会見を開いています。一階の少し狭い部屋と、三階の広い部屋ですが、同じ時間帯に二ヵ所でやられると、大手のメディアなら手分けして人を出すことができますが、フリーでは両方に対応できません。フリージャーナリストが「一ヵ所でやってくれないか」と申し入れたのですが、記者クラブが「二ヵ所でかまわない」ということだったのです。

それでも、何とかフリーの記者などが会見にもぐりこんで、格納容器の破損問題や海洋汚染の問題などを質問するのですが、そうすると東電は「確認します」と言って、その場で答えない。その後の会見で「あの件はどうなりましたか」と繰り返して質問すると、記者クラブの記者から「同じことばかり聞くな。お前たちの会見じゃないんだ」と、株主総会の与党、つまり会社側に立つ総会屋のような発言が出る（笑）。もちろんすべての大手メディアがそんな姿勢をとっているわけではありませんが、メディアはどっちを向いて取材して、何を伝えたいのか、という話です。

話は変わりますが、地上・BS放送のデジタル化をめぐって、NHKがBS（衛星放送）一チャンネルを削減することが以前から議論されてきました。その過程で、大手経済紙が一面で「NHK一波削減へ」と書き、NHK側はすぐに否定する会見を開いたのですが、その席で経済紙記者が「NHKが早くBS一波を返上することが国益につながるのでは」と質問したというんですね。私は「国益」ということばが出てくることが理解できませんでした。読者、視聴者のためではなく、国益を念頭に取材・報道している記者の存在は大きな驚きでした。そんな姿勢が今回の原発報道にも出ていると感じます。

菅首相が東電に乗り込んで統合本部を作りましたが――実際にはほとんど機能しなかったとの批判もある――、情報を面でとらえるためにも東電本社の会見場は一ヵ所に統合すべきだったと思います。

記者クラブは情報を点ではなく面でとらえるための機会を奪ったということになります。放送専門誌の『ＧＡＬＡＣ』編集長を務めていたとき、元共同通信記者のジャーナリストの魚住昭さんにインタビューしたことがあります。彼は「記者クラブにいると知らず知らずに当局目線になってしまう」と言っていました。魚住さんのような人でさえそうなのか、と思ったものです。

●東電の提供写真いつまで使う？

綿井　新聞やテレビで〈東京電力提供〉というクレジットが入った写真・映像が出てくるたびに、私は「いつまでこれを続けるのか」と怒りを感じています。先日、朝日新聞と京都新聞の記者が、滋賀県で起きた殺人事件の容疑者とみられる男性を撮影した写真を滋賀県警に提供していたという問題がありました。しかも、京都新聞の記者はＵＳＢメモリで渡しているという。きょうお集まりの皆さんからすれば、それこそ「想定外」の事態じゃないかと思いますが（笑）、警察とメディアという関係性の間で、情報や写真の受け渡しを相互にするということに、その抵抗感がなくなって来ているのではないか、という気がします。

僕は今月は政府・東電の合同会見に週一回ぐらいは出ています。毎回一〇〇枚以上の紙の資料が入口のところにドサッと置いてあって、それを順番に取るだけでも時間がかかるのですが、東電提供の写真はＵＳＢメモリが会見場入口に置いてあって、「今日お配りした写真はそちらのＵＳＢからコピーしてください」と東電担当者が言うのです。すると記者の側はそこにパソコンを持ち込んでコその後どうなっているのかを知らせるために、報道取材の立ち入りを認めるよう警察庁にも要請します。少なくとも月に数回程度は報道陣が警戒区域内に入って取材・撮影できるような機会を設けるべきです。

これまで20キロ圏内では警察が行う行方不明者捜索活動や「一時帰宅」への同行取材等がありましたが、今後はそうした同行取材に限定するものではなく、ある一定時間の範囲において自由に現地で取材・撮影する形が考えられます。合わせて20キロ圏内に入って取材を行う者への罰則規定を除外するよう望みます。それまで人が居住していた地域を「立入禁止」とした以上、その地域の定期的な情報公開は民主主義国家において必要不可欠なものといえます。

〈補足〉

上記のような取材機会は、本来は各メディアが個別に東電や同事故対策統合本部に要請することが大前提であります。しかし、これまでの福島原発の状況を伝える極めて限定的な現地報道を見る限り、どのような取材・撮影体制であっても、福島原発敷地内とJビレッジと警戒区域内に、定期的・継続的にメディアが入れるような最低限の環境を東電と同事故対策統合本部に認めさせる要請が先決・重要であると考え、このような取材機会を提案しています。

これまで東電本店、経済産業省、統合本部等で行われている記者会見では、実際の現場の様子が直接確認できず、また提供写真・映像だけで、その検証も議論も外部からできないまま事態が推移してきました。東電は第一原発での個別の現場取材依頼に対してはほとんど応じていない現状を考えれば、原発敷地内と作業員の様子を国民に定期的かつ継続的に提供することは、政府・東電はもちろん、メディアにとっても極めて重大な「国民の知る権利」にこたえる社会的責務といえます。

以上のような取材・撮影・インタビュー・記者会見の機会と情報公開に向けて、6月からの速やかな実現を目指して、東京電力と同事故対策統合本部に協力を要請します。

●呼びかけ人

綿井健陽（フリージャーナリスト）／広河隆一（『DAYS JAPAN』編集長）／篠田博之（月刊『創』編集長）／他

●賛同者（略）

●問い合わせ・連絡先 日本ビジュアル・ジャーナリスト協会（JVJA）事務局 綿井健陽

共同アピール
福島第一原発敷地内と「警戒区域」内での定期的な取材機会の要請

(2011年5月22日)

東日本大震災から2ヵ月が経過した現在でも予断を許さない状況が続く福島第一原子力発電所（福島第一原発）において、長期的かつ継続的な視野に立った情報公開とそれを実現するための取材機会を提案するとともに、東京電力と福島原子力発電所事故対策統合本部（本部長＝菅直人首相）に以下要請します。

1　福島第一原発敷地内での定期的な取材・撮影機会の実現を

3月11日以降、福島第一原発敷地内での映像や写真は東京電力や自衛隊が撮影・提供したものにほぼ限定されてきました。しかし、原発敷地内で現在起きていることは一企業の事故範囲を超えて、国内のみならず世界が注視する重大な社会的事態といえます。その期間はもはや短期間ではなく、数十年にも渡って長期的かつ継続的に対応・検証しなければならないことであり、その公共性は極めて大きく、様々なメディアを通じて広く国内外に知らされるべきことです。したがって、それらを伝えるメディアによる取材・撮影を実現させるべく、同原発敷地内を今後は定期的・継続的（少なくとも月に数回程度）に報道陣に公開する機会を設けるよう要請します。

メディアからの個別の取材申請を受け付けるのが前提ですが、それに対応できない場合はプール（集団）取材方式であっても早急に実現を望みます。規定の防護服を着た報道陣をマイクロバスに乗せて同原発敷地内に入れ、同原発係官らの案内によって説明をうけつつ取材・撮影するような形が考えられます。免震棟での様子のほか、放射線量限度の可能な範囲で敷地内の様子の取材・撮影、第一原発所長や作業員との質疑応答などの機会を要請します。

2　福島第一原発・作業員らへの定期的な取材・撮影機会の実現を

原発で働く作業員たちの様子は、これまで主に匿名・顔出しＮＧを条件にメディアで報道されてきました。しかし、高い放射線量の危険な状況下での任務を背負う彼らの役割と立場は、もはや一企業に所属する社員・スタッフを超えて、原発の事態を収束させる“公務”に近いものであり、彼らの現状と声や姿は広く知らされなければならない公共性があると考えます。したがって、今後は原発作業員たちの定期的・継続的な記者会見を実施されるよう要請します。裁判員制度が始まって以来、裁判員の会見等が行われていますが、それに似たような形式でも早急に設けるべきです。また原発作業員たちの拠点となるＪビレッジの様子も同じく、定期的かつ継続的な取材・撮影機会を要請します。

3　20キロ圏内の「警戒区域」内の定期的取材・撮影機会の実現を

福島原発から20キロ圏内の「警戒区域」については、4月22日以降「立入禁止」となっていますが、これも定期的に公開されて取材できる機会を要請します。警戒区域内の状況がピーして、それを紙面や映像で流している。東電としては報道陣向けの情報公開とでも思っているのでしょうが、メディアの側が自分たちで映像や写真を撮るべきだと福島第一原発敷地内の取材を要請する共同アピールを出しました。

僕としては、原発の危機的状況を見れば三月いっぱいくらいは東電提供写真でも仕方ない、と思っていました。ですが、それがいまになっても〈東京電力提供〉だらけです。会見で「いつになったら敷地内を報道陣に公開するのか」と質問するのですが、一〇〇人以上の記者が会見場に詰めかけているのに、そういう質問をするのは僕ぐらいで、誰も乗ってこない。あの会見は毎日の大量の情報の確認をする場で、東電の担当者もメディアの側も、その現場を自分自身で見て確認しているわけではないので、もはや伝聞情報の受け渡し場所でしかない。

福島第一原発近くのJヴィレッジで当日の作業に当たった人に話を聞けたり、発電所の所長に話を直接聞けたりすれば、少しは血の通った報道になるかもしれないと思うのですが、あの会見場で伝聞情報の確認・やり取りをする程度で得られるものといえば提供写真くらいしかないのです。最近になって原発作業員が実名で告発するようなケースも出てきていますが、マスメディアはこうした東京電力提供の映像・写真と一体いつ決別しようとしているのでしょうか。

野呂　東京新聞「こちら特報部」では、記者会見に出ていません。それは社会部主体の事故対応チームに任せています。「反・脱原発」で問題提起しながらあまり陽の目を見なかった各地の団体、市民グループ、学者などが、いろいろな活動をしてきました。取材では、そこにアプローチして情報を得たりする中で、状況を幅広く見ていくことができると思っています。

●「正しく怖がる」ためには?

小玉　記者会見の後に発表のウラを取るということもあるはずですが、それがあまり活発にされていないことが明らかになったような気がします。会見の報道を見ていると、記者たちの「質問力」が乏しいのではないかと思うこともあります。また、野呂さんが言うような、これまでメディアに出てこなかった情報も併せて出すようにすれば、ニュースもう少しバランスの取れたものになるのではないかと思うのですが……。

小出　自分の反省でもありますが、データそのものを読みとく力がなさすぎます。袋叩きになるのを覚悟してあえて言いますが、私は、山下俊一さんはデータに基づいて一つの見解を述べていて、間違っていないと思っています。パターナリズム的表現がちょっと行きすぎたとは思いますが、その基礎的なデータは、WHO（世界保健機関）やICRP（国際放射線防護委員会）などの国際機関による世界共通のものです。福島県民が怨嗟の声を上げている、と言いますが、メディアがそれに火をつけている部分もある。

週刊誌やテレビのワイドショーなどではマッチポンプをやっているところがあります。不安をあおる方が売れるわけです。そこに乗っているほうが、制作者も編集者も楽だから、賞味期限が切れるまではあおり立てるという傾向が、残念ながらあると思います。その延長で、山下教授の言っているような世界共通の見解への批判が出てくる、ということになるのですが、そうした批判にも確かな根拠はない。低線量被ばくに関する問題というのはグレーゾーンに属するもので、そういうグレーな問題に対して私たちがどう対処するかというのが最大の問題なのです。それが、データの問題ではなくて感情の問題となってしまう。

福島県がやっている復興ビジョン会議が、なかなかいい報告を出していますが、現状を踏まえてこれからどうするのか、ということに論点が移ってきています。私は、ジャーナリズムの役割はそういうところにもあるのであって、「怖いぞ」とあおり立てるのが役割だとは決して思いません。健康チェックをきちんとやっていくこと、がんは生活習慣による要因が大きいので、健康教育をしっかり確立していくこと、低放射線に関する研究センターを福島に設立することなど、現在の問題をいい方向に変えていくための提案のほうがよほど重要なのです。「正しく怖がれ」と言ったことが、低線量を許容したのだ、とあおり立てて批判するのはおかしい。

これから先どうなるのかという見通しをきちんと伝えていくのがジャーナリズムの役割だと思いますし、それだけの力量を備えておかないと出てきたものに振り回されてしまうだけだと思います。

小田桐　民放は系列ごとのネットワークで、今回の大震災・原発事故では福島に応援取材を出しています。あるローカル局の記者は、東電の会見に出ているうちに原発の仕組みや放射能の問題に非常に詳しくなり、キイ局の報道デスクに引き留められ、予定の期間を過ぎても帰れなくなったという話を聞きました。ＮＨＫの場合は解説委員の水野倫之氏や科学文化部の記者が出演していましたが、科学文化部には原子力の専門記者が六人いるのだそうです。ところが、民放には専門記者と言える人がほとんどいません。このためたまたま応援に来た記者がいちばん詳しくなってしまう（笑）。外部の専門家をスタジオに呼んできてそのコメントをそのまま流すのも専門記者不在の結果でしょう。

放射線については、よくわかっていないことが多いと思います。わかっていないから不安なのです。地震は収まってしまえば、余震はあるにせよそれで終わりです。ところが、放射線は今日、明日に健康被害を及ぼさなくても何年、何十年と不安や恐怖の日々が続く。メディアも、そんな不安を感じている母親や子どもたちのことを考えて、行き届いた報道をしていかないといけないと思います。

野呂　いま、確かに何が正しいかわからない。でも、メディアは確定したことだけを書けばいいのでしょうか。それでは政府当局と同じで、わからないからこそいろいろな切り口で伝えることが必要なのではないでしょうか。「正しく怖がる」ためには、いろいろな情報がないといけない。

チェルノブイリ事故では大がかりな疫学調査はなされず、広島・長崎の被爆者のデータしかありません。これまで、外部被曝である程度の線量を超えたらがん患者が増える、という「閾値論《しきいち》」という考え方がありました。しかし、最近では、閾値はなくて、ずっと直線的に健康被害が起きるという見方も出ています。最近、米国の古い原発の近くに住む人のがん発生率が高いというデータをまとめた本の再訳が出たので、福島県の全県民健康調査と絡めて記事にしました。「直ちに影響はない」というが、それでは将来に向けて何をしていけばいいのかを考えなければならないのであって、不安をあおることはいけないと思いますが、一つの見方だけでなく、幅広く情報提供していくことが大事だと思ってやっています。

Ⅲ　情報の海の中で

小玉　後半は、これまでの議論に加えて、新聞や放送以外のメディアが大手メディアの補完の役割、あるいは逆に主流の役割を果たしていた部分もあったかと思いますので、そのあたりを議論したいと思います。

●危険情報をどう伝えたらよいか

綿井　「不安をあおる報道」と「安心をあおる発表」（笑）がメディアの中に両極端で混在して、それらの情報の海の中で誰も判断がつかない状態が続いていると思います。マスメディアの原発報道を最初から疑っている人も恐らく多いのでしょう。自分はこの人のツイッターをフォローしているとか、必ずこのサイトを見て情報を毎日確認している、という自発的なことをしている方はまだいいのですが、一方でマスメディアの情報にしかアクセスできない、しない人がこの国には多数いることも事実です。ある程度の情報はいまネットやツイッターでも確かに得られますが、本当に多くの人が共有すべき重大情報を他の人とどう共有できるのか、ということが気になります。自らを振り返ってみても、危険ですぐに逃げたほうがいいという情報をキャッチした時、この情報をどうやって発信すべきか、ということに迷いを感じたケースがありました。

地震発生二日後の三月一三日に、福島第一原発から約三キロの双葉町周辺に入りました。フォトジャーナリストの広河隆一さん、森住卓さん、豊田直巳さんら、世界の核問題をこれまで取材してきた人たちと一緒でしたが、彼らのそれぞれの線量計三つの測定数値が全部振り切れました。最大では一〇〇〇マイクロシーベルト以上（これ以上は計測不能）、つまり年間許容量とされる一ミリシーベルト以上という、高い放射線量を計測したことがありました（一三日午前一〇時四〇分ごろ）。そこで広河さんらと話したのは「これをどうやって伝えようか」ということでした。当時双葉町の住民たちの中には、何も知らないまま荷物を取りに無防備で自宅にいったん戻って来ている人もいる。警察の規制線も張られていないから車も多数行き来している。どうやって彼らにこの危険性を伝えようかと検討しました。

直接口頭で彼らを路上で制止もしたのですが、すぐに東京からマスメディア向けのプレスリリースを発表して、ネット上でも情報を流しました。じつはマスメディアの反応はそれほどでもなかったのですが、ネットでの反応が非常に大きくて、これが不安をあおっているとみなされないか、あるいはこの情報を知った人が具体的にどういう行動を取るのかということに心配も感じました。

これからもいろいろな人たちがネット上でどんどん情報発信していくでしょうが、多くの人が知るべき「危険情報」をストレートに伝えることができるのか、それが人々の間にどう伝えられていくのかということに危惧も抱いているところです。

●曲がり角の権威主義

小田桐　私は武蔵大学で週一回、学生たちと一緒にそれぞれの学生が興味、関心のあるテーマを一つの出版企画書に仕上げる授業をしています。今年は学生たちに、今回の大震災と原発事故にしぼり企画書を考えてもらうこととし、まずアンケートをとりました。

十数個の設問のうちの一つでは、もっとも印象に残っているシーンを三つ挙げてもらい、それはどの媒体で見たのか、あるいは読んだのか、といったことを書いてもらいました。六十数人の学生から一八〇件あまりの回答が寄せられ、そのうちの九〇件が原発事故関係でした。自衛隊がヘリコプターから放水するシーン、原発の建屋が爆発するシーン、風評被害で野菜が売れないというシーンなどでした。

媒体別をたずねた設問では、テレビがトップでしたが、ツイッターやネットが続きました。新聞を熱心に読むようになった学生や、初めて週刊誌を買ったという学生もいました。学生に聞くとテレビや新聞では得られない情報も重視していることがわかりました。これはマスメディアの信頼性に関わる問題です。どの情報をどこまで信じていいのかという不安の裏返しだと思います。学生は日ごろから図書館などで新聞や雑誌をよく読んでいて、自分でお金を出して買わないだけなのです。

学生たちは、テレビに専門家が出てくると、この人の言っていることは信用できるのか、どういう経歴の持ち主なのか、ネットで調べたりします。若い視聴者・読者は自ら調べ、場合によっては複数のメディアに接触することでより多角的かつ信頼できる情報を得ようとしていることを、マスメディアの人はわかっていないのではないでしょうか。原発の問題に詳しい、政府の委員を務める東大教授をはじめとする知名度のある専門家を出せば視聴者は納得してくれる、というような時代ではなくなっているのです。これはある意味で非常に良いことではないかと思います。

小出 インターネットがいま不可欠の取材源になっているのは確かです。今回は発表されるデータがよくわからない、日本よりも外国のサイトのほうがよくわかる、ということがありました。例えば放射性物質がどのように流れて行ったのかということについては、米軍のホームページやドイツ気象協会のホームページを見るとよくわかります。昔とは違うニュースの分析が、インターネットによって可能になっています。

日本のジャーナリストの弱いところは、データを分析するのに、権威のところに行って確認してもらう、ということをやり過ぎることです。記者自身が基本的な知識に欠けていて、データを読み解く力が乏しいのです。現実の毎日の仕事の中で、記者たちが普段から勉強しておくことがなかなか難しい状況になっていることは承知していますが、むしろ、だからこそ、常に先がどうなるかを考えて、ある程度までは自分で判断できる能力をプロとしては備えておかなければならないと思っています。

●「NHKは大丈夫だと言っているのに」

野呂　個人的なことですが、私の妻は福島県伊達市出身で、郷里にいた母親が三月一一日の夜に心臓まひを起こして八〇歳半ばで亡くなりました。相次ぐ地震のショックに、停電で暖房が切れた寒さも一因だったようです。

新幹線も不通で道路も通れなかったので、葬儀の日程を一九日に延ばしましたが、原発が爆発して福島から避難してきている人もいて、妻はどうやって行けるのか毎日悩んでいたのですが、結局、葬儀には行きませんでした。そのとき母親に付き添っていた家族は周りから「NHKが大丈夫だと言っているのに、娘はどうして来ないのか」と言われたのです。NHKに出ていた東大の先生や東電は「原子炉の容器は壊れていないと言っている」というわけです。

それから、私は取材で福島県飯舘村に行きました。三月末に、IAEA（国際原子力機関）は「放射能が高いので避難すべきだ」と言ったのに対して、政府は「それは間違いだ」と否定していました。その一方で、三月二三日には原子力安全委員会が、同心円状ではなくて、北西の方向に「死の灰」が落ちているという予測を発表していました。それから迷走に迷走を重ねて、四月二二日に飯舘村は計画的避難区域となり、一ヵ月以内に退去せよ、ということになったのでした。その数日前に放射線の権威という人が福島に来て「この値なら騒ぐことはない」という発言が報じられて少し安心していただけに、現地の人々は「なんだ、一夜にして結局は避難か」と憤ったのです。

報道には「ＮＨＫニュースに裏切られた思いだ」という声を多く聞きました。それだけＮＨＫは地方で信用されていたのだと思います。

私もドイツ気象協会のサイトを何度も見ました。爆発当時の風は主に東に抜ける方向で、放射性物質の大半が海に流れたのでした。その後、不運にも福島を中心に北西に抜ける「悪魔の風」が吹いて、飯舘村や南相馬市などが汚染されましたが、これが南向きだったら、いまここでシンポジウムなどやっていない状況だったのかもしれません。また、海外の報道を翻訳するようなサイトもあって、北米のシアトルにも放射性物質が降っていることなどを知ることができました。今回は北半球に限らず、南半球まで汚染が拡散しているようです。

●どこにも載らなかった遺体の写真

小玉　前回、メディア総研が行ったシンポジウムで、福島県の放送局の記者が「本当のことを伝えたいと思うが、避難所にいる人の不安をあおるようなことをしたくない」ということを言っていました。真実を伝えるということについて、どう考えますか。

綿井　今回、海外のマスメディアは地震発生から二週間ぐらいまで、大阪に避難しているところがいくつかありました。ドイツなど各国の大使館業務が大阪に一時移動したのに伴って、東京支局があるメディアも大阪に一時避難したようです。津波被害の岩手・宮城にはすぐに現地に向かった海外メディアも、福島原発周辺に関しては当初はかなり慎重行動でした。そのため、僕のところには外国のメディアからたびたび取材映像の問い合わせや、原発作業員を紹介してほしいといった要望などが来ます。

ここ五年くらいは日本の状況のニュース価値は下がっていたので、海外特派員は北京に支局を移したり、東京支局の取材体制を人員削減していました。それが震災であわてていま日本での取材体制を戻しているのがわかります。

これは津波の被害の方で感じたことですが、今回の地震で遺体の映像をテレビや新聞で見たことがあるでしょうか。雑誌『ＦＲＩＤＡＹ』の緊急増刊号にも、遺体をそのまま写した写真は一枚もありませんでした。一方で海外メディアには遺体も結構掲載されています。知り合いのカメラマンらに聞くと、遺体そのものは結構撮影して送ったのに、結局載らなかったというのです。僕は遺体の写真を何でも載せればいいとは思いませんが、こうして横並びで一斉に全てのメディアが遺体の映像・写真を自粛してしまうことにも気味悪さを感じます。

テレビについても、三月二〇日くらいまでは、原発から二〇キロ圏内で私が撮影した映像のオンエアをテレビ局の人に打診しても、「それはどこの許可を得て入ったのでしょうか？」「二〇キロ圏内はちょっと使えないんですよ」などと言われていました。ところが、ユーチューブなどで地元住民が撮った映像がどんどん流されるようになると、今度は「二〇キロ圏内の映像をお持ちとお聞きしたのですが」「警戒区域の捨てられた犬と猫の映像を探しているのですけど」（笑）などと、逆に聞いてくるのです。なぜいつも日本のマスメディアは足並みや対応がこうも両極端でそろってしまうのか、歯がゆく感じているところです。

●ジャーナリズムの精神はどこに

小玉　では、会場の皆さんから質問・意見をお受けしたいと思います。

――一週間ほど前に、ＮＨＫのドキュメンタリー番組が、福島の現地の本部長と協力会社の社員に取材して、震災直後のメルトダウンの可能性などについて話していました。東電の清水社長が菅首相に対して五回、現場から退避させてくれと要望していたことも報じていました。こういう情報がなぜ六月にならないと放送できなかったのでしょうか。

それから、発表ジャーナリズムの限界が見えてきたといいますが、記者個人の限界も痛感します。個々の記者が、自立した疑問を持てているのでしょうか。先日、原子力安全・保安院が福井県に行って原発再開の要請をしましたが、経済産業省の中で原子力を規制するところと推進するところが一緒になってしまっているわけですが、こうした体制に疑問を投げかける報道を、テレビでも新聞でもみかけませんでした。

また、菅首相が浜岡原発の停止を要請した時に、文部科学省の地震関係の専門家による予測データを使いましたが、このデータを調べてみると、浜岡はとりわけ危険性が高いとしながら、福島については問題ないとしていたのです。いま、文科省ではこのデータの見直しが行われているといいますが、菅首相は見直しが行われているデータの一部分に飛びついて利用したのです。少し調べれば違った報道もできたはずですが、現場の記者が勉強していない、健全な懐疑心を持っていないではないかということを痛感します。個から出発しなければ、制度を変える力にはならないと思います。

以前、あるジャーナリストから「フリーと呼ばないでほしい」と言われたことがあります。組織にいようが個人だろうがジャーナリストとしての精神は変わらない、ということですが、そういう原点が今回の原子力報道においてどうだったのか、お聞きしたいと思います。

野呂　個から出発しなければならないというのは同感です。おっしゃるとおり勉強不足だと思います。組織ジャーナリズムということで言えば、例えば編集局長から「その報道はやめなさい」と言われるようなことは、よほど特別なことがない限りありません。社としての一定ラインの考え方があったとしても、それに抵触するまでにいろいろと書けるはずです。ところが、「これを書いたらデスクは通してくれないかな」というふうに忖度してしまい、記者が遠慮や自制してしまうこともあります。それは勉強不足とやはり自立する精神が欠けているからだと思います。

東京新聞の「こちら特報部」としても、原子力安全・保安院のあり方や、地震のことなどについても、できる限り追っていきたいと思っています。

小出　やはり、個人の力量が重要だと思います。勉強して、ちゃんとした報道をやろうとしている人もけっこういますが、そういう報道が目につく機会が少ない。やはり、優れた報道を行った人をぜひほめることが必要です。

私は大学時代、放射線生物学を勉強していて、放射線と生命は共存し難いということが刷り込まれているようなところがあって、原子力の影の部分に何十年もこだわってきました。そういう意味では、原発震災にあたり、いわゆる専門的な知識もある程度持っていた仕事ができたという部分もあります。そのくらい時間をかけないとそれなりの世界が広がらないという現実があります。とくに、いま組織ジャーナリズムの中では合理化が進められて、何でもできるというタイプが優遇される傾向がありま す。専門職は嫌われる。でも、いちばん必要な時に仕事ができるのがプロという意識が、基本的に必要です。

もちろん、頑張っている人たちがいます。教育テレビで放送した『ネットワークで作る放射能汚染地図』（二〇一一年五月一五日）は、私はジャーナリズムの原点だと思います。いい番組をほめていただくと、頑張っていい番組をつくろう、という動きになると思います。もちろんメディアに問題点が多いことはそのとおりですが、そういう関係を築きたいと思います。

ジャーナリズムは民主主義のインフラですから、インフラがだめになると社会は具合の悪いことになる。ダメなところはダメと言い、ほめるところはほめるという送り手と受け手の相互関係が重要なのではないでしょうか。

●ニュースと番組のちがい

小玉　今の話で、ニュースと番組のちがいがあるかもしれませんね。ニュースはそのままを流して批判性がありませんが、番組はかなり調べて、考えて作られるものもあるということでしょうか。

綿井　現場で取材していると、いくらでも疑問が出てくるので、それをまた現場の別の誰かにぶつけながら、いろいろな形で疑問を解消しつつ事実が見えてくるのですが、福島と東京では距離的なもの以上に大きな落差があって、問題意識の共有感が欠落していると思います。

いま、マスメディアの中で特にニュースセクションは極端な分業体制となっていて、新聞も朝刊・夕刊だけでなくインターネットに常に情報を出さなければならないから、とにかく情報を逐次早く本社のデスクに上げるというシステムです。東電の記者会見でも、会見の途中で原稿を送っている記者がいますし、中には会見が始まる前から原稿を書いている記者もいる（笑）。ある程度パターンが決まっているので、会見の言葉の「　」部分だけを空けて待っていたりするのですが、そういう姿を見ると「マスコミに入らなくてよかった」と思ったりもしますね。

フリーランスの場合は自分が取材していることをその場で聞けばいいのですが、マスメディアの人はとにかく自分の担当や持ち場に張り付いて情報を早く上げなければならない。じっくりと時間をかけて取材できる人は、それこそ東京新聞特報部やテレビのドキュメンタリー番組取材班のような立場の人たちであって、それ以外の人は日々の大量情報をフォローして、それを流すことに追われていて、ある意味でかわいそうなくらいです。現場の第一線の人が社内の取材体制にも何とか声を上げてほしいと思います。

福島第一原発の敷地内の取材を政府や東電に要請しても、新聞労連や民放労連からは、「社員（組合員）の安全確保の問題があって……」ということで、ちょっと力が抜けてしまうような思いをしています。労組の方が会場にいたらぜひ反論してほしいと思いますが、福島原発や警戒区域で取材したいという記者を、むしろサポートするのも報道機関の労組としての役割ではないかと思うのです。

●光る指摘、番組も

小田桐　私は今回の震災番組で出てくる専門家の発言内容などをノートにメモしていますが（もちろん全局を同時にカバーできませんが）、三月一五日の午後にNHK解説委員の水野倫之さんが、「レベル7」という表現は使いませんでしたが、「スリーマイルもチェルノブイリも単独の原子炉事故だが、今回の福島第一は一〜四号機と複数の原子炉が同時に事故を起こした史上初めての深刻な事故ではないか」という発言をしたのを聞いたとき、この人はもうテレビに出られなくなるんじゃないかと思いました。

NHKにとって一月から三月というのは、国会で予算と事業計画を通してもらうために、非常に気を使う期間なのです。水野さんは翌日も出ていたのでよかったと思いましたが、NHKの報道部門にいる知人に聞いたら「これで水野さん、東電の会見には出られなくなるね」と話していました。そんな評論家的発言では困りますが。

私が『GALAC』編集長時代、新潟中越沖地震（〇七年七月）の際、柏崎刈羽原発事故のことを新潟日報の報道部デスクに書いてもらったことがありますが、彼は「全国の人が読んでくれるんですね」と喜んでくれました。読者は四〇〇〇人ほどではありますが、いちおう北海道から沖縄まで届きます（笑）。

電力会社は、地方で多少とんがった報道が出たとしても、東京だけ、あるいは大阪・名古屋を含む三大都市圏を押さえておけば安心だという考えがあるのではないかと思います。最近、北海道・東北地区の放送局の番組を四〇本くらい視聴する機会があったのですが、その中に泊原発の事故想定の甘さを追及した北海道文化放送（UHB・フジテレビ系）の番組がありました。「脱原発は現実的ではない」とする高橋はるみ北海道知事の発言に疑問を投げかけた番組ですが、北海道電力出身の番組審議会委員が辞めたそうです（笑）。

東京ではこのように問題意識を持って取り組んでいる番組を、残念ながら見られない。沖縄の基地問題でも、沖縄で作られた番組がなかなか全国放送されない。NHKのBSで『ザ・ベストテレビ』という、放送界の各種受賞番組を全国放送で見られる枠がありますが、東京キイ各局がゴールデンやプライムでそういう番組を視聴できる仕組みを作っていかなければだめだろうと思います。

●メディアの構造転換の課題

小玉　それでは、あと二〜三、ご意見・ご質問をお受けして、パネリストの方々からまとめの発言をしていただくことにします。

――メディアが売らんかなのために不安をあおっている、と言いますが、それが本当かどうか見極める必要があると思います。現地の病院関係者が避難したことなどがあって、そういう現地の不安にマスコミが後から乗ったのではないでしょうか。

――国策遂行のためにメディア操作が行われてきたのではないか、と思っています。東京電力は年間二〇〇億円の広告宣伝費を計上しています。独占企業なのにこんな多額の広告費を出しているのは、メディアに影響力を持つためとしか考えられません。メディアに対する操作を感じたことがあるか、小出さんに伺いたいと思います。

もう一つ、メディアは山下俊一さんと反対意見を述べている学者も並列で使うべきだと思いますが、NHKのニュースを見ていても「健康に影響ない」という一五秒程度のコメントで終わってしまう。これは「大丈夫だ」という論調を浸透させるための意図的な操作ではないかと思います。

――この間の報道を見ていて、同じ識者のところに話を聞きに行くから同じ論調になるのだと思います。三月一六日ごろにはもう、福島原発の建設に関わったアメリカのGEの元技術者が「これ以上低い価格では安全性が保証できないと言ったのに東京電力から値切られた」というエピソードを紹介していたブログやサイトがありました。海外のジャーナリストたちが貴重な作業をしているのに、日本ではほとんど無視されていると言っていいと思います。ジャーナリスト個人の資質も高いレベルにありますし、そういう仕事が日本で顧みられないという構造を転換する時期に来ているのではないでしょうか。

綿井　僕は3・11以降にある福島第一原発作業員の方の取材を継続的にやっています。顔も名前もいまは出せませんが、今の原発報道に人間の感覚のリアリティーを持たせたいと思っているのです。二〇キロ圏内に今だれがいるのか、原発敷地内でどんな人がどんな作業をどんな思いでしているのか、何とか〝顔の見える〟報道をしたいと思って、原発作業員の記者会見などを求める共同アピールも出しました。彼らは原子力推進をしてきた国家政策の犠牲者だと思います。有事に徴兵される兵士と同じです。

先ほど出たETV特集の番組『ネットワークで作る放射能汚染地図』がなぜあれだけ話題になったのかと言えば、放射線量の細かなデータやプルトニウムが検出されたという事実の重みと同時に、身体を張って放射能を測定している人の表情や思いに、共感した人も多かったからではないでしょうか。番組に出演していた放射線衛生学研究者の木村真三さんは、いま各地から講演や放射線量の調査の依頼が殺到しているのだそうです。

原発をめぐる問題でこれから誰が隠され、無視されていくのでしょうか。見えない放射能を人間の皮膚感覚でどうとらえられるか、表現できるのだろうかと考えています。フリーランスとマスメディアが同じ土俵、同じ体制、同じ視点で取材しても意味がありませんから。

野呂　メディアは電力会社に、金と情報で催眠術にかけられている、と思います。事故が起きてから、メディアの一員としてやるべきかどうか悩んでいたテーマがありまして、それは広告宣伝費の問題です。そうしたら、五月中旬の参院予算委で東電の清水社長が、マスコミへの広告宣伝費は約九〇億円、交際費は二〇億円だと明かしました。これをやらなきゃ新聞じゃない、と思って、広告局に断りを入れて特報面でやりました。ちなみに新聞の広告費は各紙の規模に応じて平等に出されているようです。

福島では、子どもが「放射能がうつる」と言われたり、女の子が「お嫁にいけないのでは」と心配したりしています。私も福島の取材から帰ったら「放射能がうつる」と言われました。そうした新たな差別への怒りを胸に秘め、紙面を作っていこうと思っています。

それから、パニックとは何かということですが、ある程度情報のあるパニックなら、大熊、双葉町のように、まだ整然と避難できます。取り残された飯舘村の人たちには「パニックになるから」といって情報も出さない。小さいパニックなら与えたほうがいい。逆に情報隠しで避難が遅れれば、放射能の影響を心配しながら一生ストレスを抱えて生きていかざるを得ないことになりかねないのです。

小田桐　NHKは毎年予算の事業計画を国会に諮らなければならないし、民放もNHKも五年ごとに再免許を受けなければ放送事業はできません。つまり政権党と総務省のキャリア官僚は、局の生殺与奪権を握っているのです。
六月になってから、メルトダウンしていたことがわかった、というような報道について、私は「後出しジャンケン報道」と呼んでいますが、報道するタイミングが遅れても報道すべきものはきちんと伝えたという実績を残したいのでしょう。その後、原発周辺や関東圏の毎日の各地の放射線量がニュースで報じられますが、平面地図に都市名と数値を記入しているだけで、日ごろあれだけ「映像が重要だ」と言っているテレビが、各都市のどこで線量を測定しているのかという映像がない。いかにもちゃんと測定しているような印象を与えていますが、じつは地表から一メートルで測っている地点もあれば、一八メートルの高さで測っている地点もあるそうです。きっとこれから、マスメディアはとっくにわかっていたが視聴者には伝えていなかったことが「〜の調べでわかりました」などと次々と報道されるのではないでしょうか。

作家やタレントが東電や各電力会社で構成する電気事業連合会の依頼で講演・宣伝広告に登場すると、謝礼の目安は五〇〇万円だそうです。五〇万でもびっくりするのに、その話を聞いて頭がくらくらしました。傍らで、二年間でやっと五〇〇万稼げるかどうかという非正規労働者もいます。まったくおかしな構造です。自分がどういう視点・立ち位置で報道に関わっていくのか、今回の大事故で改めて問われていると思っているところです。

小出　まず、発表ジャーナリズムに偏り過ぎている現状を変えていかなければなりません。調査ジャーナリズムの比重をもっと増やしていかないと、ジャーナリズムの意味がなくなってくると思います。

そして、もう少しデータにもとづいた議論ができないかということです。データがはっきりしないからだということもありますが、あまりに感情にもとづいた議論になっているのではないでしょうか。

調査ジャーナリズムで必要なことは、二ヵ月〜三ヵ月先がどうなりそうか、二年〜三年先にどうなりそうか、そして可能なら二〇年〜三〇年先はどうなるのかという三つの視点が重要だと思っています。いま、命の問題から暮らしの問題に、地元の関心は大きく移ってきていて、東京の報道との感覚がずれてきています。暮らしの問題の中で、経済の問題、差別の問題がいちばんの関心事になってきているのです。そういったところを見逃さずにきちんと取り上げていくことが重要だと思います。

メディアが操作されているかどうか、という質問がありましたが、番組を作るプロセスの中に、筋の通らない注文にどう対抗するかというのは、前提として含まれています。取り上げるテーマについて、大挙して「ご説明」に来られることもありますが、ある程度織り込み済みのことで、NHKの現場にいた時に操作されているという意識は個人的にはありませんでした。NHKでは従軍慰安婦の番組をめぐって圧力がかかったという事件があって、いまだに決着をみていませんが、いろいろな圧力があっても、それを当然のこととして抵抗しながら進めるのが仕事だという意識です。

右も左もいろいろとりあげればいい、という意見がありますが、それは個々の番組の狙いに関係します。出来事に介在して受け手に伝えるのがジャーナリストの仕事です。ただスルーするだけじゃなくて、介在してそれなりの価値を与えていくことが重要なのではないか、と思います。

ご質問のあった経済的な仕組みについては、内橋克人さんの著書『日本の原発、どこで間違えたのか』（朝日新聞出版）に、よくわかるように書かれています。

ムラ構造は、原子力の世界で顕著ですが、他の社会でもあります。外部の意見を聞かない、中で批判する人は異端者として外に出てしまう、神話が作られていくといった構造はあらゆるムラ構造に行きわたっているのです。エネルギー問題を国民のコンセンサスを基本に計画するのは民主主義社会の筋道だと思いますが、このムラ構造は民主主義社会と相いれないのです。このムラ構造をどうやって壊していくかということが次につながっていくポイントではないかと思います。

小玉　震災をきっかけに、日本のジャーナリズムの問題が一挙に噴き出していると思います。直ちに結論は出せませんが、こういう機会を重ねて、歩むべき道をだんだん探っていくことが大事だと思いました。皆さんどうもありがとうございました。

資料１　原発問題を取り上げたテレビ番組

年	番組名	テレビ局	放送日
1977	『地球時代　いま原子力発電は…』	テレビ東京	1.17
1981	ＮＨＫ特集『原子力・秘められた巨大技術　1　これが原子炉だ』	ＮＨＫ	7.01
	ＮＨＫ特集『原子力・秘められた巨大技術　2　「安全」はどこまで』	ＮＨＫ	7.17
	ＮＨＫ特集『原子力・秘められた巨大技術　3　どう捨てる放射能』	ＮＨＫ	7.24
	『ドキュメント　窪川原発の審判』	高知放送	——
1983	『ドキュメント　続　窪川原発の審判』	高知放送	——
1984	ＪＮＮニュースコープ『特集・核燃料輸送を追う』	ＴＢＳ	10.25
1985	ＮＨＫ特集『追跡　核燃料輸送船』	ＮＨＫ	1.28
1986	ＲＡＢレーダースペシャル特集『六ケ所村の二人組合長　核燃基地の波紋』	青森放送	6.27
	ＮＨＫ特集『よみがえる被爆データ～ヒロシマとチェルノブイリ～』	ＮＨＫ	8.04
	報道特集『核と過疎　幌延町の選択』＊	北海道放送	——
1987	ＮＨＫ特集『調査報告 チェルノブイリ原発事故』	ＮＨＫ	3.14
	報道特集『はずれの末えいたち』＊	青森放送	6.03
	『クローズアップ　原子炉解体　最大の汚染物質はどう処理されるか』	ＮＨＫ	10.27
1988	ＮＨＫ特集『原子炉解体　放射性廃棄物をどうするか』	ＮＨＫ	6.27
	朝まで生テレビ！『徹底討論・原発』	テレビ朝日	7.29
	朝まで生テレビ！『徹底討論・原発第２弾』	テレビ朝日	10.28
	ＮＮＮドキュメント'88　シリーズ　核はいま『未来への指針～ヒロシマのデータは語る』	広島テレビ放送／青森放送	——

	『核まいね〜揺れる原子力半島』		
	『核・イカロスの神話』		
1989	ＥＴＶ８『３年後のチェルノブイリ　広島放射線研究者の現場報告』	ＮＨＫ	3.08
	シリーズ 21 世紀　ＮＨＫスペシャル『いま原子力を問う［１］　危険は克服できるか　巨大技術のゆくえ』	ＮＨＫ	4.05
	シリーズ 21 世紀　ＮＨＫスペシャル『いま原子力を問う［２］　原子力は安いエネルギーか』	ＮＨＫ	4.06
	シリーズ 21 世紀　ＮＨＫスペシャル『いま原子力を問う［３・終］　推進か撤退か　ヨーロッパの模索』	ＮＨＫ	4.07
	ＮＮＮドキュメント '89『反古にされた９０万人署名・北海道“原発議会”の３日間』	札幌テレビ放送	7.09
	ＮＮＮドキュメント '89『核まいね４　六ケ所村・来る日去る日／シリーズ・過疎と原子力１』	青森放送	11.19
1990	ドキュメンタリー '90『原発立地はこうして進む　奥能登・土地攻防戦』	ＮＨＫ	5.23
	ＮＮＮドキュメント '90『核・まいね６　いま核燃凍結の村で』	青森放送	7.09
	ＮＨＫスペシャル『汚染地帯に何が起きているか　チェルノブイリ事故から４年』	ＮＨＫ	8.05
1991	ＮＨＫスペシャル『チェルノブイリ小児病棟　５年目の報告』	ＮＨＫ	8.04
1992	ＮＮＮドキュメント '92『プルトニウム元年・ヒロシマから〜日本が核大国になる…!? 〜』*	広島テレビ放送	8.02
	『はだしのゲンは忘れない〜チェルノブイリの子どもたちとの約束〜』	テレビ朝日	8.08
1993	ＮＮＮドキュメント '93『汚染大地から　チェルノブイリの子供たち』	福島中央テレビ	4.26
	ＮＨＫスペシャル『調査報告　プルトニウム大国・日本［１］核兵器と平和利用のはざまで』	ＮＨＫ	5.21
	ＮＨＫスペシャル『調査報告　プルトニウム大国・日本［２］核燃料サイクルの夢と現実』	ＮＨＫ	5.23
	『能登の海、風だより』*	石川テレビ放送	5.31
	『チェルノブイリ小児病棟　求められる医療協力』	広島ホームテレビ	7.31
	中部ＮＯＷ『能登に“原子の火”が燃える　検証・志賀原発の 25 年』	ＮＨＫ	10.23
1994	ＮＨＫスペシャル『隠された事故報告・チェルノブイリ』	ＮＨＫ	1.16
	現代史スクープドキュメント『原発導入のシナリオ』	ＮＨＫ	3.14

	クローズアップ現代『蒸気発生器交換　初期の原発に何が起きているか』	NHK	3.09
1995	クローズアップ現代『迷走する住民投票～新潟県巻町　原発賛否に揺れた一年～』	NHK	10.04
	『原発に映る民主主義～巻町民25年目の選択～』＊	新潟放送	12.24
1996	テレメンタリー'96『謎の16票の行方　過疎と選挙と原発と』	北陸朝日放送	1.14
	NHKスペシャル『終わりなき人体汚染～チェルノブイリ事故から10年～』	NHK	4.26
	NHKスペシャル『原発・住民投票　小さな町の大きな選択』	NHK	8.23
	『続・原発に映る民主主義～そして民意は示された～』	新潟放送	9.22
1997	クローズアップ現代『原子炉大改修～原発心臓部に何が起きたか～』	NHK	12.17
1998	クローズアップ現代『あふれる使用済み核燃料』	NHK	9.16
	『政治家辞めていただきます　そして民意は』＊	新潟テレビ21	——
1999	朝まで生テレビ！『激論！東海村「臨界」事故と原子力の未来』	テレビ朝日	10.29
	『神々の詩　わがままな人々～ウクライナの黒い大地に生きて～』	TBS	11.07
	NNNドキュメント『過疎が怖いか～さまよえる核廃棄物～』	札幌テレビ放送	——
2000	BS特集『世界のこども　未来を見つめて　悲しみを越える歌声　チェルノブイリ子ども音楽団』	NHK	5.03
	NNNドキュメント『核の閉塞 ～追いつめられた原子力～』	札幌テレビ放送	6.11
	NBS月曜スペシャル『豊饒なる「荒れ地」に～ある市民団体の10年～』	長野放送	7.24
	ETV 2000『あきらめから希望へ　市民科学者・高木仁三郎さんが伝えたこと』	NHK	10.26
2001	『原発のムラ　刈羽の反乱～ラピカ事件とプルサーマル住民投票～』＊	新潟放送	6.01
	『反旗を翻した原発の村』	テレビ新潟放送網	6.11
2002	クローズアップ現代『謎の配管破断～浜岡原発事故の衝撃～』	NHK	1.28
2003	クローズアップ現代『原発の安全をどう守るのか～維持基準導入の課題～』	NHK	3.06
2004	テレメンタリー2004『国策の顛末～珠洲原発29年目の破綻～』	北陸朝日放送	3.13
	『そして原発は消えた～珠洲　対立と混乱の29年～』	北陸朝日放送	4.29

	『翻弄されて～珠洲原発　凍結までの 28 年～』	石川テレビ放送	6.09
	クローズアップ現代『どう処理する使用済み核燃料～動き出す核燃料リサイクル～』	ＮＨＫ	11.24
2006	ＥＴＶ特集『核燃の村　苦悩と選択の記録』	ＮＨＫ	1.07
	ＮＨＫスペシャル『汚染された大地で～チェルノブイリ　20 年後の真実～』	ＮＨＫ	4.16
	クローズアップ現代『終わらない放射能汚染～チェルノブイリ 20 年～』	ＮＨＫ	4.23
	ＮＮＮドキュメント『核の清算　さまよう高レベル放射性廃棄物』	札幌テレビ放送	12.1
2007	クローズアップ現代『隠された臨界事故～問われる原発の体質～』	ＮＨＫ	4.24
	ＮＨＫスペシャル『想定外の揺れが原発を襲った～柏崎刈羽からの報告～』	ＮＨＫ	9.01
	'07 ドキュメント静岡『原発　いま何が問われているのか～東海地震と浜岡原発　判決の波紋～』	静岡第一テレビ	11.09
2008	クローズアップ現代『世界原発建設ラッシュ　問われる日本』	ＮＨＫ	2.19
	映像 '08『なぜ警告を続けるのか～京大原子炉実験所・異端の研究者たち～』	毎日放送	10.19
2009	『風と土は好きなのに～能登半島　原発のある町～』	石川テレビ	10.05
	『原発解体～世界の現場は警告する～』	ＮＨＫ	10.11
2011	ＥＴＶ特集『原発災害の地にて～対談　玄侑宗久　吉岡忍～』	ＮＨＫ	4.03
	クローズアップ現代『町を失いたくない～福島・浪江町　原発事故の避難者たち～』	ＮＨＫ	4.07
	ＮＨＫスペシャル『東日本大震災１か月　第１部　福島第一原発　出口は見えるのか』	ＮＨＫ	4.09
	ＡＳＩＡＮ　ＶＯＩＣＥ『原発とどう向き合うのか』	ＮＨＫ	4.03
	ＥＴＶ特集『ネットワークでつくる放射能汚染地図～福島原発事故から２か月～』	ＮＨＫ	5.15
	朝まで生テレビ！『激論！“脱原発”と日本の未来』	テレビ朝日	5.27
	ＮＨＫスペシャル『シリーズ原発危機　第１回　事故はなぜ深刻化したのか』	ＮＨＫ	6.05
	ＥＴＶ特集『続報　放射能汚染地図』	ＮＨＫ	6.05
	クローズアップ現代『原発停止　広がる波紋』	ＮＨＫ	6.07

クローズアップ現代『原発事故３か月　被災者たちは今』	ＮＨＫ	6.13
クローズアップ現代『原発停止　原発事故と日米同盟』	ＮＨＫ	6.14
ＮＮＮドキュメント'11　3・11 大震災　シリーズ６『原発爆発〜安全神話はなぜ崩れたか〜』	日本テレビ	6.19
映像'11『その日のあとで〜フクシマとチェルノブイリの今〜』	毎日放送	6.26
ＮＨＫスペシャル『シリーズ原発危機　第２回　広がる放射能汚染』	ＮＨＫ	7.03
ＮＨＫスペシャル『シリーズ原発危機　第３回　徹底討論 どうする原発　第一部・第二部』	ＮＨＫ	7.09
クローズアップ現代『"原発被害者" 進まぬ救済』	ＮＨＫ	7.14
ＮＨＫスペシャル『飯舘村〜人間と放射能の記録〜』	ＮＨＫ	7.23
クローズアップ現代『牛肉になぜ〜広がる放射能汚染〜』	ＮＨＫ	7.25
朝まで生テレビ！『徹底討論！　原発』	テレビ朝日	7.29
クローズアップ現代『福島を生きる　詩に刻む被災地の言葉』	ＮＨＫ	8.01
クローズアップ現代『全県民被ばく調査〜不安は解消できるか〜』	ＮＨＫ	8.03
ＥＴＶ特集『アメリカから見た福島原発事故』	ＮＨＫ	8.17
ＥＴＶ特集『続々報・ネットワークで作る放射能汚染マップ　人体汚染を食い止めろ！』	ＮＨＫ	8.28

＊「地方の時代」映像祭受賞作品

資料2　1986年・科学技術庁「原子力の日」関連広報（抜粋）

科学技術庁（現・文部科学省）は、1963年10月26日に日本で初めて原子力発電に成功したことを記念して、10月26日を「原子力の日」として、毎年この日を中心に原子力利用推進のための広報活動を行ってきた。ここに挙げたのは、1986年4月26日に発生した旧ソ連・チェルノブイリ原発事故を受けて、同年（昭和61年）に行われた「原子力の日」関連キャンペーンのうち、マスメディア（テレビ・ラジオ・新聞・雑誌）を媒体として利用したものについて、科学技術庁の当時の資料をもとに抜粋したものである。キャンペーンの主体としては、政府（当時の総理府・科学技術庁など）のほか、原子力発電所がある地方自治体、各地域の電力会社や関連団体などが名を連ねている。

出典）「第23回『原子力の日』関連行事・広報の実施について」、科学技術庁科学技術局／原子力局、昭和61年10月。

I　テレビ

提供		媒体	番組名等	タイトル等	内容	日時・時間枠
政府	総理府	テレビ東京系	『話題のひととき』	チェルノブイリ原子力発電所事故原因と日本の原子力発電所の安全性		10月19日(日)10:00～10:30
		テレビ神奈川	『霞ヶ関レポート』	大丈夫か日本の原子力		10月22日(水)22:30～22:45
地方自治体	福島県	福島テレビ 福島中央テレビ テレビユー福島	テレビスポット		「原子力の日」記念行事のお知らせ	10月22日(水)～10月25日(土) (30秒スポット、延べ4～5回程度)
	(財)福島県原子力広報協会(委託者：福島県)	福島テレビ 福島中央テレビ	特別製作番組		特別製作30分番組2本放映	10月25日(土)～10月26日(日)
		福島放送 テレビユー福島	(未定) 原子力関係番組		(未定)既製品フィルム(日本原子力文化振興財団等より借用)等30分番組2本上映	未定
	新潟県	新潟放送 新潟総合テレビ テレビ新潟 新潟テレビ21		未定	エネルギー事情と明日のエネルギー	10月26日(日)及び前1週間

地方自治体	山梨県	山梨放送 テレビ山梨	スポット番組 『くらしの情報』	「10月26日は『原子力の日』です」	原子力のＰＲ	10月26日(日)18:28
	静岡県	ＳＢＳテレビ テレビ静岡 けんみんテレビ 第一テレビ		「明日10月26日は原子力の日」	原子力の日 原子力発電の必要性と安全性	10月25日(土) (15秒スポット)
	(財)伊方原子力広報センター (委託者：愛媛県)	南海放送 愛媛放送			「原子力の日」ＰＲ 愛媛県伊方原子力広報センターの紹介	10月20日(月)～10月26日(日) (15秒スポット、1日3回)
		南海放送		「放射線環境とその測定」	環境放射線の説明 県の環境モニタリングの紹介	10月26日(日)
	佐賀県	サガテレビ		未定	原子力の日について 環境放射線モニタリングについて 温排水影響調査について	10月中旬～11月中旬
半官半民	(財)能登原子力センター	北陸放送		「10月26日は原子力の日」	５月から原子力センターをＰＲするＣＭテレビスポットを放映しているが10月中は「10月26日は原子力の日」のタイトルを入れる	10月中の毎週日曜の10時00分台（30秒）
		石川テレビ				10月中の毎週土曜の18時30分台（30秒）
電力会社	北海道電力(株)	北海道テレビ放送 他　15局	『暮らしとエネルギー』		ＮＴＣ(敦賀ＰＷＲ研修センター)の当社社員研修状況と泊発電の建設状況	10月下旬
	東北電力(株) 東京電力(株)	福島テレビ		未定	原子力発電の信頼性、親近感を高める特別番組を制作・提供する	未定 (原子力の日周辺)
		青森テレビ	『朝のホットライン』		当番組のＣＭ枠を活用し、原子力の安全性、信頼性を訴える	10月1日(水)～10月31日(金) 7:00～8:00
		福島テレビ	『ＦＴＶテレポート』		当番組のＣＭ枠を活用し、原子力の安全性、信頼性を訴える	10月1日(水)～10月31日(金) 毎週火～金

電力会社

東北電力(株) 東京電力(株)	福島放送 テレビユー福島 新潟総合テレビ 新潟テレビ21 テレビ新潟 新潟放送	天気予報		当番組のCM枠を活用し、原子力の安全性、信頼性を訴える	10月1日(水)～10月31日(金)
東北電力(株)	青森放送 岩手放送 秋田テレビ 仙台放送 山形放送 福島テレビ 新潟放送	『新サンデートーク』		当番組のコマーシャル枠の中で、原子力の安全性、信頼性を訴える	10月1日(水)～10月31日(金) 毎週日曜日
	青森テレビ テレビ岩手 秋田放送 宮城テレビ 山形テレビ 福島中央テレビ 新潟放送	『久里千春のさわやかネットワーク』		当番組のコマーシャル枠の中で、原子力発電の24年間の実績、原子力技術などを紹介し、原子力の信頼性を訴える	10月18日(金)
東京電力(株)	BSN 新潟放送		「10月26日は原子力の日です」	「原子力の日」のPR	10月26日(日)
北陸電力(株) 富山支店	富山テレビ	天気予報		原子力安全PR	10月26日(日)8:56～8:59
	北日本放送	天気予報		原子力安全PR	10月26日(日)18:25～18:27
北陸電力(株) 石川支店	北陸放送	天気予報 テレポート		原子力安全性PR	10月25日(土)18:00～18:30
	石川テレビ	天気予報		原子力安全性PR	10月25日(土)18:55～19:00
北陸電力(株) 福井支店	福井テレビ 福井放送	天気予報		原子力安全PR	10月25日(土)18:00～18:05
中部電力(株)		テレビCF制作と提供	「原子力発電所安全性」(親子編)	親と子の対話により原子力発電の必要性、安全性について理解を得る	10月下旬 (60秒、30秒)
関西電力(株)	朝日放送 毎日放送 よみうりテレビ 他9局		「女性」編	原子力発電所で元気に明るく働くすがたを通じ、原子力のクリーンさを訴える	10月20日(月)～10月26日(日)

電力会社	四国電力(株)	四国放送 高知放送 南海放送 テレビ高知 西日本放送 山陽放送 瀬戸内海テレビ テレビ岡山			「原子力の日」にちなみ四国の原子力発電の現状をテーマとしたテレビ・テロップ(10 秒)を放映	10 月 23 日(木)〜 10 月 26 日(日)
	中国電力(株)	中国地方の民間放送局 14 局(テレビ)		『明日を支える原子力発電』	原子力発電の必要性 「原子力の日」ＰＲ	10 月下旬
	九州電力(株)	ＲＫＢ毎日放送 長崎放送 大分放送 熊本放送 宮崎放送 南日本放送 鹿児島テレビ テレビ熊本		『でんきものがたり』		10 月 5 日(日)〜 10 月 26 日(日) (4 回) (30 秒コマーシャル)
		福岡放送 佐賀テレビ テレビ長崎 熊本県民テレビ テレビ大分 テレビ宮崎		『でんきものがたり』		10 月 4 日(土)〜 10 月 25 日(土) (4 回) (30 秒コマーシャル)

II　ラジオ

提　供		媒　体	番組名等	タイトル等	内　容	日時・時間枠
政府	科学技術庁	ラジオ短波	8 分コーナー　『ゆう・もあ・サイエンス』	「はしゃいで○○大放送」		10 月 7 日(火)〜 10 月 28 日(火)毎週火曜日 16:30 〜 18:00
地方自治体	青森県	青森放送	未定		未定	10 月頃
	福島県	ラジオ福島	ラジオスポット		「原子力の日」記念行事のお知らせ	10 月 23 日(木)〜 10 月 25 日(土)(1 日、1 回) (30 秒スポット)
	静岡県	ＳＢＳラジオ		「10 月 26 日は原子力の日」	原子力の日 原子力発電の必要性と安全性	10 月 25 日(土)〜 26 日(日) (20 秒スポット)

電力会社	電気事業連合会	文化放送（9局ネット）	『世相ホットライン　ハイ！竹村健一です』		原子力の日の意義を説明（予定）	10月19日（日） 10月26日（日）
	東北電力（株）	青森放送 岩手放送 秋田放送 東北放送 山形放送 ラジオ福島 新潟放送	『お元気ですか』		当番組のコマーシャル枠の中で、原子力発電の歴史、実績を訴える	10月1日（水）～10月31日（金）毎週月～金
		ＦＭ仙台 ＦＭ岩手 ＦＭ秋田	『森山良子のふれあいアフタヌーン』		当番組のコマーシャル枠の中で、原子力発電の歴史、実績を訴える	10月1日（水）～10月31日（金）毎週土曜日
	東京電力（株）	ＴＢＳラジオＣＭ	『秋山ちえ子の談話室』		「原子力の日」ＰＲ	10月26日（日）
		文化放送ＣＭ	天気予報 ローカルニュース			
		ニッポン放送ＣＭ	天気予報			
		ラジオ日本ＣＭ	天気予報 ニュース			
		ＦＭ東京ＣＭ	ＦＭニュース			
	北陸電力（株）富山支店	ＦＭとやま	『ほくでんシネマコンサート』		「原子力の日」の由来 安全性について	10月18日（土）～10月25日（土）11:00～11:55（3分程度）
		北日本放送（ＫＮＢラジオ）	『きらめいて朝！』		「原子力の日」の由来 安全性について（電気一口メモ）	10月25日（土）9:27
		北陸放送（ＭＲＯラジオ）	『海の気象』		原子力ＰＲ	10月20日（月）～10月26日（日）
	関西電力（株）	毎日放送 朝日放送 ＦＭ大阪 他７局		「女性」編	原子力発電所で元気に明るく働くすがたを通じ、原子力のクリーンさを訴える	10月20日（月）～10月26日（日）
	中国電力（株）	山陰放送 山陽放送 中国放送 山口放送（ラジオ）		『明日を支える原子力発電』	原子力発電の必要性 「原子力の日」ＰＲ	10月下旬

III 新聞

提供		新聞名	目的等	内容	掲載日・スペース
政府	総理府	各新聞			10月26日(日) (記事下5段)
		『夕刊フジ』	明るい暮らし、ウォーキングby原子力		10月25日(土)または10月27日(月)
地方自治体	青森県	東奥日報 デイリー東北 陸奥新報	未定	ソ連の原発事故とわが国の原発の安全対策	10月頃
	(財)福島県原子力広報協会(委託者:福島県、楢葉町、富岡町、大熊町、双葉町)	福島民報 福島民友	原子力発電所の安全対策紹介	写真を主体として、原子力発電所の安全対策等を紹介する	10月20日(月)〜10月26日(日)の間に1回
	(財)福島県原子力広報協会、小高町	福島民報 福島民友	未定	「原子力の日」を中心に、原子力発電所の監視体制等を題材とした一面広告	10月25日(土)または10月26日(日)
	茨城県原子力協議会(委託者:茨城県)	地方紙 いばらき新聞 新いばらき新聞 常陽新聞	未定	原子力の日の紹介と原子力に関する基礎知識等	10月26日(日) (全15段)
		中央紙 朝日新聞 毎日新聞 読売新聞 東京新聞 サンケイ新聞	未定	原子力の日の紹介と原子力に関する基礎知識等	10月26日(日) (半5段)
	新潟県	新潟日報 朝日新聞 読売新聞 毎日新聞 サンケイ新聞 日経新聞	未定	エネルギー事情と明日のエネルギー	10月26日(日)

地方自治体	静岡県	静岡新聞 朝日新聞 読売新聞 毎日新聞 中日新聞 日経新聞 サンケイ新聞	「明日10月26日は原子力の日」	原子力の日・原子力発電の必要性と安全性	10月25日(土)朝刊全県域版
	(財)伊方原子力広報センター (委託者：愛媛県)	愛媛新聞 朝日新聞 毎日新聞 サンケイ新聞 読売新聞		「原子力の日」の関連記事・記念行事（講演会、見学会の開催）の案内	10月20日(月)
	山口県	朝日新聞 読売新聞 毎日新聞 他、計15紙	石油代替エネルギーの開発の必要性	原子力、石炭、ＬＮＧなどの石油代替エネルギーの開発の必要性	10月25日(土) (半5段)
	佐賀県	朝日新聞 毎日新聞 読売新聞 西日本新聞 佐賀新聞	10月26日は原子力の日です。	原子力の日にちなんだ原子力に関する話題	10月26日
電力会社	電気事業連合会	朝日新聞 毎日新聞 読売新聞 日経新聞 サンケイ新聞	「電気は今日も元気です」	安全確保に努めながら、原子力発電を推進していることを説明(——10月26日は原子力の日です)	10月24日(金)予定
	東北原子力懇談会	東奥日報 デイリー東北 秋田魁新報 岩手日報 山形新聞 福島民報 福島民友 新潟日報 河北新報	意見広告「食糧。エネルギー。その明日を考えたい。」	原子力の日を明示し、タイトルにそった意見広告により原子力問題を訴求していく	10月25日(土) 朝刊
	(財)柏崎原子力広報センター	新潟日報	10月26日は原子力の日	原子力の日のＰＲ	10月26日(日)

電力会社	中部原子力懇談会	中日新聞	「アトム30レディス」	若い女性6名が浜岡原子力発電所を見学し、そのしくみ安全性等について対談。記事広告を掲載する	10月下旬
		毎日新聞	「淑女のお勉強ジャーニィ」	婦人層を対象に一般公募により美浜原子力発電所を見学。参加者感想文のうち優秀作を記事広告として掲載する	10月下旬
		中日新聞 伊勢新聞	くらしの中の原子力	原子力平和利用について紹介、その活用について理解と協力を得る	10月下旬
	北海道電力(株)	北海道新聞 北海タイムス 朝日新聞 読売新聞 毎日新聞 サンケイ新聞 日経新聞 他	未定	「原子力の日」に合わせた原子力ＰＲ	10月26日(日)予定
	東京電力(株)	福島民報 福島民友	未定	「原子力の日」にちなんだ広告掲載	10月26日(日)
	電源開発(株)	東奥新聞 電気新聞 他	「大間原子力発電について」(仮題)	大間原子力発電計画の経緯と現状 大間原子力発電所(ＡＴＲ実験炉)の意義	10月26日(日)
	日本原燃サービス(株) 日本原燃産業(株)	デイリー東北 東奥日報 陸奥新報	原子力の日特集	原子燃料サイクル、立地の現状紹介など	10月26日(日)
	日本原子力発電(株)	地方紙（茨城） いばらき新聞 新いばらき新聞 常陽新聞	10月26日は原子力の日	原子力の日と原子力発電の現状についての広告掲載	10月25日(土) 朝刊
		福井新聞 日刊福井 中日新聞	未定	原子力の日と原子力発電の現状について広告掲載	未定
	北陸電力(株)	北国新聞 北陸中日新聞		シリーズ広告　原子力の安全性	10月15日(水)～11月19日(水) (全5段×6回)
		北国新聞	パブリシティ	四国電力(株)　伊方原発を訪ねて奥様レポート	10月26日(日)～10月28日(火)

電力会社	北陸電力(株)石川支店	北国新聞 北陸中日新聞		いま、原子力発電は	10月26日(日) (半5段)
	中部電力(株)	朝日新聞 中日新聞 毎日新聞 中部読売新聞 伊勢新聞 静岡新聞 信濃毎日新聞 岐阜新聞 日本経済新聞 中部経済新聞	原子力発電の安全性	「原子力の日」にちなみわが国原子力発電所の安全性についてＰＲ	10月26日(日)
		朝日新聞 中日新聞 毎日新聞 中部読売新聞 伊勢新聞 (三重県版)	原子力発電の安全性	原子力発電の安全性、とくに多重防護の仕組みと絵についてＰＲ	10月下旬 11月下旬
		朝日新聞 中日新聞 毎日新聞 中部読売新聞 伊勢新聞 サンケイ新聞 (三重県版)	わが町は原子力のある町	原子力発電所先進地での原子力と地域のかかわり、漁業との共存等を紹介ＰＲ	10月下旬 11月下旬
		朝日新聞 中日新聞 毎日新聞 中部読売新聞 伊勢新聞 サンケイ新聞 (三重県版)	原子力に関するＱ＆Ａ	原子力発電に関する一般市民からの疑問に対し回答	10月下旬 11月下旬
		伊勢新聞	三重県にも原子力発電所を	くらしと原子力、放射線についてわかりやすくＰＲ	10月下旬 11月下旬

電力会社	関西電力(株)	朝日新聞 毎日新聞 読売新聞 サンケイ新聞 日経新聞 京都新聞 神戸新聞 福井新聞 各紙	未定	原子力発電所の放射能は厳重に管理されている	10月26日(日)予定
	中国電力(株)	山陰中央新報 中国新聞 山陽新聞 日本海新聞 読売新聞 毎日新聞 (山口全県版)	未定	原子力発電の安全性	10月26日(日)
	四国電力(株)	徳島新聞 愛媛新聞 高知新聞 四国新聞	未定	「原子力の日」にちなみ原子力発電の安全性をテーマとした広告を掲載	10月26日(日) 朝刊 (全7段)
	九州電力(株)	朝日新聞 毎日新聞 読売新聞 日経新聞 サンケイ新聞 西日本新聞 フクニチ 佐賀新聞 長崎新聞	原子力の現状 PR	原子力の日PR及び原子力発電関連記事の掲載	10月26日(日) (全5段)
		熊本日日新聞 宮崎新聞 大分合同新聞 南日本新聞 鹿児島新聞 日本工業新聞	原子力の現状 PR	原子力の日PR及び原子力発電関連記事の掲載	10月26日(日)
		日刊工業新聞	原子力の現状 PR	原子力の日PR及び原子力発電関連記事の掲載	10月25日(土) (全5段)

IV 雑誌

提供		媒体	タイトル等	発行号
政府	総理府	『宝石』	原子力発電の安全性	11月号
		『現代』	原子力発電の安全性	11月号
		『婦人公論』	原子力発電の安全性	11月号
		週刊誌各誌	日本の原発の安全性	10月中旬
		『文藝春秋』	大臣対談“原子力は必要か！安全か！”	11月号

『メディア総研ブックレット』刊行の辞

メディア総合研究所は次の三つの目的を掲げ、三〇余名の研究者、ジャーナリスト、制作者の参画を得て一九九四年三月に設立されました。

①マス・メディアをはじめとするコミュニケーション・メディアが人々の生活におよぼす社会的・文化的影響を研究し、その問題点と可能性を明らかにするとともに、メディアのあり方を考察し、提言する。

②メディアおよび文化の創造に携わる人々の労働を調査・研究し、それにふさわしい取材・創作・制作体制と職能的課題を考察し、提言する。

③シンポジウム等を開催し、研究内容の普及をはかるとともに、メディアおよび文化の研究と創造に携わる人々と視聴者・読者・市民との対話に努め、視聴者・メディア利用者組織の交流に協力する。

この目的からも明らかなように、私たちの研究所が他のメディア研究機関と異なる際だった特徴は、視聴者・読者・市民の立場からメディアのあり方を問いつづけるところにあります。私たちは、そうした立場からメディアと社会を見据えたさまざまなシンポジウムを各地で開くとともに、「マスメディアの産業構造」「ジャーナリズム」「マスコミ法制」といった研究プロジェクトを内部につくり、その研究・調査活動の成果を「提言」にまとめて発表してきました。

しかし、メディア界はいま、「デジタル化」というキーワードのもとに「革命」と呼ぶにふさわしい変革の波にさらされています。それだけに、この激しい変化を深く掘り下げ、その行方をわかりやすく紹介していくことが市民の側から強く求められてもいます。私たちが『メディア総研ブックレット』の刊行を思いたったのは、そうした時代の要請に何とか応えたいと考えたからです。

私たちは、冒頭に掲げた三つの目的を頑なに守り、視聴者・読者・市民の側に立ったブックレットをシリーズで発行していく所存です。どうか『放送レポート』（隔月刊誌）とともにすえながくご支援、ご愛読下さいますようお願いします。

メディア総合研究所

〒160-0007　東京都新宿区荒木町1-22-203

Tel ：03（3226）0621

Fax：03（3226）0684

◆ホームページ

http://www.mediasoken.org

◆e-mail アドレス

mail@mediasoken.org

〈メディア総研ブックレット　No.13〉
メディアは原子力をどう伝えたか

2011年9月11日　初版第1刷発行

著者 ――メディア総合研究所
発行者 ―平田　勝
発行 ――花伝社
発売 ――共栄書房
〒101-0065　東京都千代田区西神田2-5-11出版輸送ビル2F
電話　　03-3263-3813
FAX　　03-3239-8272
E-mail　kadensha@muf.biglobe.ne.jp
URL　　http://kadensha.net
振替 ――00140-6-59661
装幀 ――山田道弘
印刷・製本―シナノ印刷株式会社

ISBN978-4-7634-0612-5 C0036